W0206563

Les écolos nous mentent !

Jean de Kervasdoué
avec la collaboration d'Henri Voron

Les écolos nous mentent !

Albin Michel

© Éditions Albin Michel, 2021

À Henri, à ses compétences et son élégance

INTRODUCTION

Vrais problèmes et fausses solutions

> « Tous les hommes se transmettent leur angoisse, comme une épidémie. »
>
> Épicure

Au début de l'année 2020, des hommes d'affaires et des touristes, vecteurs inconscients de l'épidémie, ont voyagé et, en quelques semaines, ont contaminé la planète. Certains écologistes ont vu là un « message de la nature », comme si au courroux divin s'était substitué celui d'une nature personnifiée et vengeresse ! Et, tandis que, pour combattre cette maladie nouvelle, l'humanité joignait ses efforts, mobilisait tous les savoirs et s'efforçait de fabriquer des armes nouvelles : masques, tests, respirateurs, médicaments et vaccins…, les écologistes clamaient que cette épidémie était la justification *a posteriori* de leurs combats antérieurs.

Il est vrai que l'humanité tue, que l'humanité pollue. De réels problèmes écologiques se posent, notamment dans les pays du Sud, mais les écologistes leur donnent des leçons du nord de la planète. En Afrique de l'Est notamment, la déforestation réduit l'habitat des grands mammifères. L'absence de collecte et de traitement des ordures conduit à rejeter en mer ou à disperser dans la nature des immondices et des millions de sacs en plastique. Les centrales thermiques au charbon de Chine, d'Inde, voire de Pologne et d'Allemagne, contribuent aux rejets de dioxyde de carbone dans l'atmosphère. Tout cela est tristement vrai. Il n'en découle pas pour autant que les éoliennes que l'on tente d'implanter dans nos baies ou au sommet de nos collines vont pouvoir les remplacer.

Il est aussi incontestable que certains milieux marins et terrestres sont gravement menacés. La cohabitation des 9 milliards d'êtres humains annoncés dans à peine trois décennies aura de profonds effets écologiques. Cependant, pour les limiter, la solution ne viendra pas d'un retour à l'agriculture des années 1950 !

Quant à l'évident réchauffement climatique, au nom de ce qui est devenu une écologie politique, on tente de culpabiliser les Français et on cherche à inspirer des mesures – telle la fermeture de la centrale nucléaire de Fessenheim –, qui ont l'effet inverse de celui recherché et contribuent notamment à la croissance des rejets de gaz à effet de serre. En outre, ce réchauffement si souvent invoqué ne peut pas être la cause universelle de la sécheresse comme des inondations, de la disparition de certaines espèces ou de la prolifération d'autres. Cette explication universelle, cette cause unique fait écho à la réponse de Toinette à Argan dans *Le Malade imaginaire* de Molière[1]. À l'énumération de chacun des maux d'Argan, Toinette déguisée en médecin répond : « Le poumon, le poumon, le poumon, vous dis-je. » Aujourd'hui, ce serait : le réchauffement, le réchauffement, le réchauffement, bien entendu. Belle cause à tout faire !

Les généralisations hâtives ne sont pas toutes justifiées. Pour les combattre, la seule arme est la raison. L'abandon de la vérité comme valeur ne conduit pas à la solidarité, comme le clament les penseurs postmodernes[2], alors que sous nos yeux se développent le cynisme et le règne du plus fort. Les débats scientifiques ont leurs règles et leur place, qui se trouve dans les revues spécialisées, voire dans l'enceinte de l'Académie des sciences et non pas dans les colonnes des journaux, fussent-ils du soir.

Cependant, plus que jamais, la religion écologique tente d'imposer sa loi. Pour y parvenir, elle sort son arme favorite : la peur, s'inspirant de l'Église catholique qui, durant des siècles, s'est servie de celle de l'enfer pour asseoir son emprise. Aujourd'hui, les écologistes utilisent les mêmes ressorts avec le même succès. Ainsi, Greta Thunberg, la Savonarole du Nord, harangue l'humanité et y trouve un terrain fertile : l'écologie est devenue la religion de ceux, nombreux, qui n'en ont plus.

Cette stratégie délibérée ne doit rien au hasard, elle puise sa source dans les écrits du philosophe allemand Hans Jonas, le concepteur du principe de responsabilité et prophète de l'heuristique de la peur[3]. Le développement des sciences et des techniques serait pour lui la grande menace de l'humanité et toute conception utopique de son avenir serait insensée, il faut donc faire peur pour que cessent toute recherche et tout « progrès » technique* ; d'où le rejet des OGM (organismes génétiquement modifiés), des produits phytosanitaires ou du nucléaire. Quant aux moyens de susciter l'effroi, les écologistes savent que les images portent plus loin qu'un raisonnement et que l'émotion peut faire oublier tout bon sens. Ils en abusent avec la complicité active des médias qui trouvent là de bons sentiments et de belles images.

Cette philosophie a constitué le socle de l'idéologie politique des Verts allemands et progressivement influencé le mouvement écologiste français. Leur premier combat, à ce stade victorieux outre-Rhin, a été mené contre le nucléaire civil. Ce qui n'était à l'origine qu'un groupuscule a très rapidement accru son influence idéologique et dépassé ses succès politiques.

À la fin des années 1980, constatant que la peur des centrales nucléaires pouvait s'atténuer car ce mode de production d'électricité utilise peu d'espace, ne rejette pas de

* Le principe de précaution est le descendant direct du principe de responsabilité.

dioxyde de carbone et entraîne peu de décès, le mouvement écologiste a choisi un deuxième cheval de bataille : celui des OGM. Le succès de ce choix stratégique est éclatant, même si cette victoire est une catastrophe pour les agriculteurs comme pour les consommateurs, qui croient qu'un produit « sans OGM » est un signe de qualité, alors que l'inverse est vrai. La France, contaminée par cette campagne, a tout perdu : des équipes de recherche, une industrie innovante et elle importe du soja, du coton et autres plantes génétiquement modifiées.

L'influence politique des partis écologistes a été tangible et ceci, en France, dès le second mandat de Jacques Chirac, à l'époque duquel fut introduit le principe de précaution dans la Charte de l'environnement et interdite la plantation de semences OGM.

Avec le quinquennat de François Hollande, ce poids des écologistes s'est accru. Ses gouvernements se sont engagés dans la réduction du nombre de centrales nucléaires. Et ils ont également banni des villes des véhicules propulsés par certains types de moteurs Diesel.

L'élection d'Emmanuel Macron n'a rien changé. Il s'est attaqué à certains herbicides, comme le glyphosate, et a repris à son compte les décisions de ses prédécesseurs.

Au nom d'une croyance dans les bienfaits de la nature, confortée par une méconnaissance de l'agriculture, les apôtres de la décroissance prêchent en terrain conquis, sans recul, sans débat et sans critique. Comme toute croyance religieuse dominante, elle ne tolère aucune remise en cause. Elle a une telle force, elle est tellement « évidente » qu'elle est encensée, non pas par une police politique, mais par une doxa populaire que les médias relayent. Des « scientifiques », pas nécessairement climatologues ou écologues, appellent à la désobéissance civile et ouvrent ainsi la porte à une dictature verte appuyée sur un mouvement d'opinion qui fait fi des clivages socio-politiques traditionnels et légitime sans débats des décisions lourdes de conséquences qui pénalisent l'agriculture, l'industrie et les Français.

Mediapart diffuse, dès 2017, la demande de l'instauration d'une « dictature écologique par un gouvernement mondial[4] » ! L'eugénisme pointe, non plus au nom de la pureté de la race, mais de l'écosystème de la Terre. « Avoir un enfant nuit à la planète », affirment, entre autres, Seth Wynes et Kimberly Nicholas[5]. Raphaël Glucksmann déclare en 2019 que le facteur unificateur de la gauche sera son « logiciel écologique », c'est-à-dire « une société du retour d'une forme de contrainte collective qui s'exerce sur les désirs et les libertés individuelles[6] ». Et, le 21 février 2020, le journal *Le Monde* publie une pétition de « près de 1 000 scientifiques* » titrée : « Face à la crise écologique la rébellion est

* Le mot « scientifique » est bien entendu non protégé et les signataires sont loin d'être tous spécialistes d'écologie ou de climatologie !

nécessaire ». Rébellion ! Rien de moins, comme si la France qu'ils appellent de leurs vœux pouvait changer quoi que ce soit à l'évolution du climat, alors qu'elle représente moins de 1 % des rejets mondiaux de gaz à effet de serre ! Le lien entre l'écologisme et le fascisme ne date pas d'hier, comme le soulignait déjà Luc Ferry, il y a plus d'un quart de siècle[7].

Si cet obscurantisme n'avait que des conséquences individuelles ce ne serait qu'une amusante curiosité, mais il a de graves conséquences collectives. Il est à l'origine de la croissance considérable du coût de l'électricité, car au coût de l'énergie se sont ajoutées en France de lourdes taxes. Il explique aussi le recul des exportations agricoles françaises. Il conduit à d'onéreuses réglementations en matière d'urbanisme, à la taxation des moteurs Diesel, à l'interdiction de planter des variétés OGM, au fait que les familles modestes ont le sentiment de mal nourrir les leurs quand, pour des raisons économiques, ils ne peuvent pas acheter de produits bio, dont le bénéfice sanitaire n'a pourtant jamais été démontré.

La balance agricole de la France va devenir déficitaire. Les agriculteurs, et tout particulièrement les éleveurs, payent le prix de ces folies collectives, mais d'autres sont aussi contaminés, comme ce candidat à la mairie de Paris qui, voulant être plus vert que les Verts, imaginait transférer en banlieue une grande gare parisienne !

Ce retour à la nature, cette crainte du progrès, sont d'autant plus étonnants que, jusqu'à l'épidémie du coronavirus, jamais la pauvreté n'avait autant reculé sur terre, jamais l'espérance de vie à la naissance n'avait crû aussi vite dans le monde (4 mois par an). Alors que 820 millions d'êtres humains ne mangent pas à leur faim[8], ce chiffre régressait chaque année. Depuis dix ans, la pollution avait baissé de 19 % et la mortalité périnatale s'était réduite d'un tiers. L'opinion demeurait pourtant inquiète et, semble-t-il, exècre les bonnes nouvelles !

La censure s'étend. Non pas celle de l'État, il n'en a pas encore besoin, mais celle des médias et de l'édition. Ainsi, plusieurs éditeurs ont refusé d'envisager la publication de cet ouvrage, considérant que critiquer la bien-pensance écologique dominante, fût-elle infondée, était inenvisageable. Un retour aux années 1950, où l'intelligentsia trouvait qu'il était inconvenant de critiquer le communisme et l'Union soviétique !

Nous ne sommes pas des drogués des médias, pourtant pas un jour ne s'écoule sans que nous entendions des propos empiriquement faux étayés par une source journalistique, politique ou intellectuelle qui semble incontestable. Mais la religion écologique séduit.

Scientifiques, nous sommes avant tout humanistes. Nous nous plaçons du point de vue des hommes et non de la planète, qui ne nous a pas attendus pour tourner et qui, un jour, tournera sans nous. Si l'espèce humaine a toujours apprivoisé la nature à son profit, nous sommes par vocation soucieux du maintien des écosystèmes qui permettent à l'humanité de se développer.

Certes les menaces ne manquent pas. L'épidémie du coronavirus en fait la tragique démonstration. Les conflits armés ne disparaissent pas ; les déshérités du Sud sont plus que jamais attirés par les pays riches du Nord, qui pourtant ne sont pas préparés au passage de la génération du baby-boom à l'âge de la dépendance. Nous ne sommes pas des utopistes naïfs mais croyons qu'il y a suffisamment de problèmes, y compris des problèmes écologiques, pour ne pas chasser des moulins à vent et que la situation exige que l'on cherche des solutions rationnelles quand elles existent. Sans être scientistes, nous pensons que seule la recherche scientifique et ses applications permettront de nourrir l'humanité et de lui fournir l'énergie nécessaire ; ce qui ne réglera pas tous ses problèmes, mais en éliminera certains.

Quant à notre légitimité, le lecteur en jugera. Henri Voron comme moi-même sommes issus des grands corps d'ingénieurs ; en l'occurrence après l'Institut national agronomique de Paris nous sommes entrés comme ingénieurs-élèves à l'École nationale du génie rural, des eaux et des forêts*. À la sortie de l'école, nos parcours ont divergé. J'ai été chercheur, enseignant, conseiller agricole de Pierre Mauroy à Matignon, puis directeur des hôpitaux au ministère de la Santé, avant de créer deux entreprises et de redevenir universitaire. Henri Voron, lui, hydraulicien renommé, a passé l'essentiel

* À la suite de la fusion des grands corps d'ingénieurs, cette école s'appelle aujourd'hui École des ponts, des eaux et des forêts.

de sa carrière en Afrique, mais il a aussi été le directeur technique du deuxième CHU de France, avant d'être conseiller technique du directeur général des services de la métropole lyonnaise (eau, assainissement, espaces verts...).

Pour convaincre, nous avons choisi de traiter de l'écologie en partant de thèmes fréquemment repris par la presse et la classe politique, puis d'examiner si ces analyses sont empiriquement et scientifiquement fondées. Nous souhaitons que le lecteur puisse faire son tri entre les réelles préoccupations et les idées fausses imprégnées d'idéologie.

Nous conclurons en tentant d'expliquer pourquoi les fausses croyances ont un tel succès, car il n'y a pas que les *fake news*, il y a aussi les *fake beliefs*.

« Il n'y a pas de force intrinsèque de l'idée vraie » (Spinoza).

DÉRIVES ÉCOLOGIQUES

1

Qui a dit qu'on allait manquer d'eau ?

Il pleut en automne. Comme après tous les étés chauds, l'air s'est chargé de vapeur d'eau qui s'est transformée en pluie quand la température s'est refroidie. Abondantes, ces précipitations ont ruisselé. Rivières et fleuves sont sortis de leur lit et ont inondé chemins, routes, entrepôts et habitations construits sur des terrains inondables, produisant des dégâts et des drames. La doxa médiatique attribue ces intempéries au récent réchauffement climatique. Mais que pouvait-on observer avant la période actuelle ? Bien pire. Les inondations ne datent pas d'aujourd'hui.

S'il est tombé de l'ordre de 120 millimètres en vingt-quatre heures dans le Gard le 22 novembre 2019, il en tomba plus de 600 millimètres les 8 et 9 septembre 2002. Ce fut aussi le cas le 29 septembre 1900. Pour l'Ardèche, le record remonte au 9 octobre 1827[1]. Quant aux grands fleuves français, la Garonne atteint sa hauteur maximale le 23 juin 1875 (8,32 mètres à Toulouse). La Loire, le 31 mai 1856 (7,1 mètres à Orléans). Le Rhône en novembre 1548 (8,45 à l'échelle de Saint-Bénézet), mais Grégoire de Tours signalait déjà une crue considérable de ce fleuve en… 580. La Seine parvient à sa hauteur maximale le 28 février 1658 (8,96 mètres), avec entre 30 et 50 centimètres de plus qu'en 1910 et 3 mètres de plus qu'en 2011 (5,90 mètres). Il est vrai que des barrages ont été construits en amont de Paris, notamment le lac du Der, pour en réguler le cours.

Au XIXe siècle, on attribuait déjà ces désastres à l'activité humaine : le déboisement, disait-on à l'époque[2]. Aujourd'hui on accuse l'urbanisation, sans savoir qu'elle ne joue qu'un rôle modeste : en cas de pluies diluviennes, l'eau ne s'infiltre pas dans les bois ou les champs lorsque le sol est saturé. L'eau tombe sur la nappe d'eau couvrant le sol et ruisselle à 100 % comme sur du béton. L'interdiction de construire en zone inondable est la réponse urbanistique aux dégâts des grandes crues. Toutefois, pour délimiter une zone inondable il faut choisir une référence de la crue dont on va se protéger. Est-elle la crue du siècle ou du millénaire ?

En 2019, Paris battait son record de chaleur, à savoir 42,6 °C le 25 juillet, contre 40,4 °C le 27 juillet 1947. S'il est incontestable que la température du globe s'est accrue de 1 °C environ depuis un siècle, les événements pluviométriques extrêmes restent, à ce jour, dans la norme, au sens de la distribution gaussienne des pluies connue depuis plusieurs siècles. La mouvance alarmiste annonce que la fréquence des catastrophes naturelles devrait augmenter ; l'avenir le dira[3]. En attendant, le climat de la France reste tempéré. L'eau y est abondante. En conséquence, les crues y sont fréquentes, comme à l'automne 2019.

La sécheresse fait aussi l'objet de craintes, le plus souvent sans fondement, comme dans le département du Rhône en avril 2011, où un arrêté préfectoral interdisait de laver les voitures alors que le fleuve, chargé de l'eau de la fonte des neiges, traversait ce département peuplé avec un débit de plus de 1 000 mètres cubes par seconde à Lyon, avant d'aller se perdre en mer !

Il faut comprendre qu'on ne peut pas « consommer » l'eau. La molécule (H_2O) est stable, indestructible, indéfiniment recyclable et recyclée. En revanche, elle voyage, elle tombe et change d'état pour devenir glace ou vapeur qui, après une dizaine de jours, retombera sous forme de pluie ou de neige, et le cycle recommencera alors ici ou ailleurs. Quand une grande sécheresse sévit dans le sud de l'Afrique, économiser l'eau à Paris ne donne pas une goutte à boire aux éléphants qui, au même moment, meurent de soif au Zimbabwe !

En France, la pluviométrie moyenne est de 889 millimètres par an. Un volume de 440 milliards de mètres cubes tombe donc chaque année sur l'Hexagone. Après une pluie, 64 % de l'eau s'évapore, le reste s'infiltre dans la nappe ou ruisselle dans les ruisseaux et les rivières qui conduisent cette eau jusqu'à la mer. Des 176 milliards de mètres cubes qui s'infiltrent ou ruissellent chaque année, 171 milliards seront rejetés à l'océan et seront donc « perdus ». Quant au stock des nappes phréatiques, tampon utile durant les périodes plus sèches, ils renferment environ 2 000 milliards de mètres cubes[4], soit 30 000 mètres cubes par habitant.

L'eau ne fait que passer. Si le Français moyen utilise

50 mètres cubes pour l'eau domestique et environ 100 mètres cubes par an (tous usages confondus), cette eau retournera à la rivière, si bien que le débit de la Seine à Mantes-la-Jolie serait le même si Paris n'existait pas. Ce que nous payons en nous acquittant de notre facture d'eau n'est pas de l'eau mais un service qui la livre disponible et saine à domicile. Toute cette eau retournera au milieu naturel après épuration.

Quant à notre société technique, en France, elle n'abuse pas des ressources que lui offre la nature car elle ne déplace par évaporation que 3 % de cette eau qui coule ou qui s'est infiltrée ; le reste – soit 171 milliards de mètres cubes – va se perdre en mer. Les consommations nettes, rendant l'eau liquide indisponible en aval, viennent de l'irrigation (3 milliards de mètres cubes), du refroidissement des centrales thermiques et nucléaires (1,4 milliard de mètres cubes) et d'un poste « divers », essentiellement urbain et industriel (0,6 milliard de mètres cubes) ; au total, on chiffre à 5 milliards de mètres cubes la consommation annuelle en France.

Dans la plupart des cas, limiter l'irrigation des agriculteurs n'a aucun sens du fait des capacités des fleuves et des nappes souterraines. Localement, on peut cependant observer des tensions, en été, comme sur le cours de la Garonne en amont de Toulouse ou encore celui de la Charente. Une gestion vigilante des stocks existants dans les retenues est nécessaire, pour les étés secs. Mais cela n'empêche pas la mouvance écologiste de s'opposer à la construction des barrages, comme celui de Sivens, qui a donné lieu à de violentes manifestations et à un drame, puisqu'un manifestant en est mort. Pourtant l'argument essentiel des zadistes, celui de la biodiversité, est discutable car le barrage va accueillir de nouvelles formes de vie. En outre, d'un point de vue écologique toute retenue collinaire est utile car elle écrête les ravages des crues d'hiver et recharge la rivière ou la nappe phréatique en été.

Quant au prélèvement annuel global dans les nappes de France, il est du même ordre de grandeur que l'évaporation et atteint 5 milliards de mètres cubes. C'est donc une « goutte d'eau » de 0,25 % par rapport à leur stock de 2 000 milliards de mètres cubes, qui se reconstitue chaque année avec les pluies d'automne.

En France, réduire sa consommation d'eau est bien entendu économiquement justifié mais n'a aucune utilité « écologique ».

Cette analyse n'empêche pas de nombreux élus de reprendre la litanie sur le « manque d'eau » et de passer sans précaution oratoire au « trop d'eau » quelques semaines plus tard. À Paris, lors des inondations de janvier 2018, interrogée sur TF1, Célia Blauel, présidente d'Eaux de Paris et adjointe à l'environnement à la mairie de la capitale, déclarait que ces inondations étaient dues « à l'agriculture intensive utilisant massivement les pesticides » ! Certes, on ne demande pas aux politiques d'être des spécialistes des crues, mais faut-il pour autant tolérer que leur idéologie, opposée à l'agriculture moderne, distorde à ce point la réalité ? En 1910, au moment de la grande crue parisienne, l'usage des pesticides était nul…

La pénurie, en France, n'est donc pas pour demain.

2

Des incendies très politiques

La forêt brûle en Australie en janvier 2020 ! Après l'eau, voilà le feu qui, nous dit-on, menace la planète. Des animaux meurent, jusqu'à un milliard et demi, paraît-il. Des grandes villes, dont la capitale Canberra, sont enveloppées dans un nuage de fumée rendant l'air irrespirable alors que sont battus des records de chaleur. Des images spectaculaires montrent comment les pompiers se battent avec de pauvres armes contre les flammes, faute de bombardiers d'eau. Des reportages racontent comment quelques marsupiaux sont sauvés grâce à l'attention de personnes au grand cœur, qui, par les réseaux sociaux, collectent des centaines de milliers de dollars. C'est le drame mondial !

Le Premier ministre australien, Scott Morrison, revient tardivement de ses vacances à Hawaï et est cloué au pilori médiatique. Il faut dire qu'il n'a jamais été particulièrement sensible aux thèses du GIEC*, même si elles ouvrent paradoxalement un nouveau marché pour son industrie du

* Groupe d'experts intergouvernemental sur l'évolution du climat.

charbon. En effet, si des voitures japonaises propulsées par des moteurs à hydrogène liquide circulent dans les rues de Tokyo, c'est parce que leur combustible a pu être fabriqué grâce à l'énergie des centrales à charbon australiennes* !

Des forêts en feu apparaissent donc en janvier sur les écrans. L'émotion est planétaire car, de fait, ces images sont spectaculaires. La peur du feu est universelle : ainsi, en France, les incendiaires jugés aux assises sont le plus souvent condamnés par les jurys à la peine maximale. À l'époque napoléonienne, ils étaient passés par les armes et les préfets des départements touchés étaient remplacés si les feux de forêt étaient fréquents sur leur territoire !

Mais l'importance des incendies dépend des saisons, des hommes et de la manière dont la forêt est ou n'est pas gérée. En Australie, ils se déclarent de décembre à mars au sud du continent et de juillet à octobre au nord. Un registre précis de ces gigantesques incendies est tenu depuis 1851 et les Australiens les évoquent en parlant familièrement de « jeudi noir », de « mardi rouge », de « Noël noir » ou de « mercredi des cendres ». S'il arrive qu'il soit causé par la foudre, le feu est le plus souvent allumé par l'homme : autant de foyers ne démarrent pas simultanément par hasard au même moment, surtout quand il n'y a pas d'orage. Car le feu est aussi ancien que la civilisation aborigène qui, comme toutes les civilisations primitives, pratique l'écobuage depuis quarante

* Le bilan carbone global est bien entendu très mauvais.

mille ans, autrement dit : des cultures engraissées par... les cendres. En outre, certaines plantes, pour se régénérer, ont besoin du feu. Ainsi l'eucalyptus est-il une pyrophyte* active, autrement dit cet arbre aime le feu et émet des vapeurs volatiles inflammables à basse température. Par contre son écorce est ignifugée. Cette situation biochimique lui permet d'éliminer la concurrence des autres espèces pour l'accès à la réserve en eau du sol : après l'incendie, il repart plus vite.

Une fois encore, on attribue ces incendies au réchauffement climatique et il semblerait que des phénomènes météorologiques extrêmes deviennent plus fréquents**. S'il n'est pas interdit de penser que le réchauffement joue un rôle, il ne peut être en réalité que mineur. En effet, il convient de ne pas confondre les phénomènes *météorologiques* et les phénomènes *climatiques* car, si ces derniers se jouent sur une longue période (environ 1 °C en un siècle), cette variation séculaire est bien moindre que les variations journalières de température. En France, entre le jour et la nuit, la température varie en moyenne de 6 à 10 °C. Le record mondial pour les variations d'une même journée est de 55,5 °C. Il a été enregistré dans la ville de Browning au Montana (États-Unis) ; quant à l'amplitude maximale

* Sont ainsi qualifiées les plantes qui résistent au feu.

** On manque encore de recul pour l'affirmer sans réserve, en outre leur très forte médiatisation introduit un biais de perception.

annuelle entre l'été et l'hiver d'un même lieu, elle revient à Verkhoïansk en Sibérie avec 104,4 °C[1].

Pour ceux qui demeureraient peu convaincus par ces rappels, voici quelques dates. En 1974-1975, période où l'on craignait que le globe ne se refroidisse, 117 millions d'hectares sont partis en fumée en Australie, presque sept fois plus que les incendies récents de 2019-2020 (16,8 millions d'hectares) et quasiment deux fois la surface totale de la France (64,6 millions d'hectares). Bien entendu, tout cela ne veut pas dire que ces incendies soient anodins ou que la position de l'actuel gouvernement australien soit défendable, et ce d'autant plus que ce pays ne manque ni de soleil, ni de vent, ni d'uranium, dont il détient 23 % des réserves mondiales : l'Australie pourrait avoir un système énergétique qui limiterait les rejets de gaz à effet de serre.

La maîtrise du feu a transformé l'humanité à une époque où elle ignorait encore le principe de précaution, comme l'illustre avec un humour décapant Roy Lewis[2] dans son best-seller mondial aussi profond qu'hilarant. Dans une famille préhistorique ordinaire, le père, génial inventeur, découvre la maîtrise du feu. Son frère Vania, conservateur, ennemi du progrès et adepte avant la lettre du principe de précaution, trouve cela déraisonnable ; à chaque tentative de démonstration des bienfaits du feu il répond qu'il va retourner dans les arbres, ne voulant rien en savoir. Aujourd'hui, dans ce très vieux débat, l'oncle Vania semblerait avoir gagné.

Brûler est une très ancienne technique agricole qui ne se limite pas à l'Australie. Les incendies enrichissent le sol en sels minéraux par les cendres qui constituent un engrais naturel s'épuisant progressivement au fil des récoltes. C'est pourquoi les tribus primitives se déplaçaient pour engraisser un nouveau territoire, en attendant la régénération progressive de l'espace qu'ils venaient de quitter et qui avait été un temps surexploité.

Ce n'est donc pas d'hier que les hommes brûlent savanes et forêts, partout, en Amazonie, en Afrique, en Asie, en Océanie, et même autrefois en Europe. Ils le font en période de vent et de sécheresse. La forêt n'a pas attendu le réchauffement climatique pour brûler, hélas, et elle ne contribue pas à ce dernier, car les feux n'ont pas d'impact sur l'oxygène que nous respirons. Pourtant, le président Macron déclarait à ce propos le 22 août 2019 : « Notre maison brûle. Littéralement. L'Amazonie, le poumon de notre planète qui produit 20 % de notre oxygène, est en feu. C'est une crise internationale. Membres du G7, rendez-vous dans deux jours pour parler de cette urgence. »

Cette déclaration enflammée est aussi touchante qu'inexacte : l'Amazonie ne produit pas 20 % de l'oxygène de la Terre, et si les terribles incendies de l'été 2019 ont eu un impact écologique profond en détruisant des écosystèmes et leur biodiversité, le taux d'oxygène de l'air n'en aura été en rien modifié ; il est de 21 %, taux stable depuis des millions d'années ! En effet, les végétaux absorbent du gaz carbonique dans l'air et, grâce à la photosynthèse, libèrent de l'oxygène. Sous forme de troncs, de tiges, de feuilles, de graines, ils stockent du carbone dans des molécules organiques complexes, qui sont la base de toute vie sur Terre – la vie végétale, bien sûr, mais aussi la vie animale, qui en est toujours dérivée. Toute vie se terminant par la mort, les cadavres, végétaux ou animaux, se décomposent. Cette décomposition consomme de l'oxygène, et libère, sous forme de gaz carbonique, les molécules organiques complexes de ce qui fut un être vivant. Ce cycle est totalement équilibré du point de vue de la matière.

Dans ce cycle, l'oxygène vient de l'atmosphère, et le gaz carbonique provient de la biomasse, quelle qu'elle soit. Cette biomasse rend, kilo pour kilo, mètre cube pour mètre cube, les mêmes quantités de dioxyde de carbone que celles qui ont été précédemment absorbées. Les incendies libèrent cette même quantité de carbone, simplement ils le font plus rapidement.

Si l'on constate aujourd'hui sur terre un accroissement du taux de CO_2 dans l'air, il provient d'une part de la combustion d'énergie fossile (charbon, lignite, pétrole, gaz, tourbe, etc.) et de la libération du dioxyde de carbone dissous dans les océans. Les pics temporaires des incendies de forêts ne jouent aucun rôle significatif. Une forêt en équilibre avec elle-même, totalement sauvage, jamais exploitée par l'homme, comme ce fut le cas de l'Amazonie pendant des dizaines de millions d'années, n'a jamais « produit » d'oxygène et ceci est vrai pour toutes les forêts du monde, et pour toutes les autres formations végétales stables (prairies, savanes, steppes...).

L'agriculture ancienne ou moderne, conventionnelle, bio ou pas bio, s'inscrit dans la même logique et son rôle est nul pour modifier la teneur en oxygène de l'air. Quand l'homme exploite la forêt, si ce bois est utilisé en construction, le gaz carbonique potentiel qu'il contient reste bloqué des siècles – ce fut le cas de la charpente de Notre-Dame de Paris, récemment partie en fumée, malheureusement. Mais si on replante la forêt, comme le fait l'Office national des forêts en France, le taux d'absorption du gaz carbonique et de libération concomitante de l'oxygène reste stable. Par ailleurs, la superficie forestière augmente : dans l'Hexagone elle a été multipliée par trois depuis deux siècles, occupant aujourd'hui le tiers du territoire. Pour autant, l'oxygène dégagé par la croissance en surface et en volume de la forêt française ne fait pas bouger le taux d'oxygène de la planète. Rappelons à cette occasion que le taux de gaz carbonique de l'air est infime. En effet, en admettant que tout le gaz carbonique soit un jour entièrement fixé par les plantes ou dissous dans les océans, le taux d'oxygène passerait de 21 % environ à 21,04 %. Ce calcul n'a pour but que de donner un ordre de grandeur, car sans gaz carbonique dans l'air la photosynthèse des végétaux s'arrêterait et ceux-ci disparaîtraient ! Et toute vie avec.

À l'échelle du globe, la forêt couvre encore environ 4 milliards d'hectares, soit 28 % des terres émergées, ce qui est considérable. Le rythme de la déforestation, mesurée par la FAO*, ne cesse heureusement de décroître, à l'exception du Brésil. L'Amazonie est un trésor écologique dont la superficie couvre 5,5 millions de kilomètres carrés, soit dix fois la France, et représente 8 % de la forêt mondiale. Les feux ont récemment repris depuis l'élection du président Bolsonaro, mais ceci n'est pas une fatalité comme le rappelait en août 2019 Martine Droulers, géographe, spécialiste reconnue du Brésil. « Il y a vingt ans, on observait beaucoup plus de feux qu'aujourd'hui. Vingt mille kilomètres carrés brûlaient en moyenne chaque année. La tendance était toutefois à la baisse depuis dix ans, avant que le nombre de feux n'augmente de nouveau depuis deux ans. Les incendies qui ravagent l'Amazonie aujourd'hui constituent une alerte qui appelle à la vigilance, mais il est important de rappeler que ces feux sont tout sauf nouveaux et que beaucoup d'entre eux sont des opérations de nettoyage de zones déjà déboisées. Lula, président du Brésil de 2003 à 2010, avait mis en place au début de son mandat une politique "environnementaliste". Environ 50 % de la forêt est désormais sous un statut de protection nationale. Cette surface est partagée entre réserves indiennes et écologiques. Donc la moitié de l'Amazonie ne sera pas, ou très peu, sujette à la déforestation. Certains s'y risquent, mais les amendes sont sévères[3]. »

* Food and Agriculture Organization : Organisation des Nations unies pour l'alimentation et l'agriculture.

Il est regrettable de défendre de bonnes causes par de mauvais arguments. Les incendies de forêts en Australie ont à voir avec la gestion de la forêt et la relation entre l'État, les aborigènes et les grands fermiers de ce continent sous-peuplé, pas avec les méfaits du capitalisme ou le réchauffement de la planète. La politique du président Bolsonaro a aussi sa part de responsabilité. La forêt brûle parce que dans l'immense majorité des cas des hommes ont allumé des feux ; on doit s'intéresser aux raisons pour lesquelles ils le font et tenter, le cas échéant, d'y porter remède.

Si, dans certaines circonstances, le feu est un élément indispensable du cycle de la vie, on le redoute globalement à juste titre : le plus souvent il détruit des écosystèmes, réduit la biodiversité, chasse les populations.

3

La biodiversité a la vie dure !

À l'occasion de ses vœux pour l'année 2020, le président Macron déclarait vouloir « œuvrer en faveur de la biodiversité ». C'est un bel objectif. Et un thème omniprésent chez tous les écologistes. Mais au fait, en France, est-elle menacée, cette biodiversité ?

En France métropolitaine, le nombre de plantes supérieures, à fleurs (dites « phanérogames », donc hors champignons, mousses, fougères, lichens, algues, etc.), est d'environ 5 000 espèces sauvages ou cultivées. Pour les vertébrés, on y trouve de l'ordre de 40 poissons d'eau douce, 40 amphibiens (ou batraciens), 40 reptiles (serpents, lézards, tortues), 400 oiseaux en comptant des migrateurs qui ne nichent pas sur le territoire national, et 80 mammifères. Au total : environ 600 vertébrés. Donc, en additionnant les végétaux et les animaux, on approche aujourd'hui en France de 5 600 espèces. Les deux tiers d'entre elles ne sont en rien menacées. Et les autres ne le sont pas toujours !

Sur les six espèces décrites dans un article du *Figaro* comme pouvant disparaître, il y a une plante (l'orchis couleur de lait) et cinq animaux (le sterne arctique, le lynx boréal, la grenouille des champs, la tortue d'Hermann et l'anguille européenne[1]). On trouve l'orchis couleur de lait dans le sud de la France et en Corse, il est difficile de mesurer la réalité du péril qui pèse sur elle, faute de méthode de recensement*. En ce qui concerne les espèces animales, deux ne sont en rien menacées (le sterne arctique et le lynx boréal). En revanche, la grenouille des champs l'est dans notre pays mais ne l'est pas ailleurs en Europe. Restent la tortue d'Hermann et l'anguille européenne. C'est un problème, on en conviendra, pas une catastrophe planétaire !

La tortue d'Hermann est la seule espèce de tortue terrestre de France. On la trouve dans le Var et en Corse. Son habitat est détruit par les feux de forêts, le débroussaillage, le morcellement des parcelles, les routes, l'habitat pavillonnaire. Quant à l'anguille européenne (*Anguilla anguilla*), autrefois abondante dans tous les cours d'eau et les zones humides, lacs, étangs, marais, mares, fossés, son déclin se constate depuis quarante ans. Cette régression provient de facteurs multiples : contaminants toxiques, surpêche, braconnage, augmentation du taux de parasitisme (*Anguillicola crassus*, un vers importé du Japon). Un règlement européen (R (CE) n° 1100/2007) impose d'ailleurs des mesures de protection et de gestion de l'anguille qui semblent efficaces.

En la matière, les menaces sont souvent approximatives et l'exagération est la règle. Mais l'hécatombe n'est pas, en

* Il existe en France métropolitaine 28 genres d'orchidées et au moins 200 espèces, dont l'immense majorité n'est pas menacée.

France, d'actualité. Des mesures ont été prises depuis plus d'un demi-siècle* et les efforts menés depuis la création des parcs nationaux** portent leurs fruits. Ils ont notamment permis que les bouquetins reviennent dans les Alpes françaises et que des meutes de loups parcourent à nouveau l'est de la France. Les phoques ? Ils sont réapparus sur les côtes bretonnes parce que les pêcheurs ont cessé de les tuer. La faune sauvage se multiplie jusqu'à créer de véritables nuisances, c'est notamment le cas des hardes de sangliers. Quant aux alarmistes, s'ils diffusent leur pessimisme, c'est qu'ils entretiennent la confusion entre le nombre d'espèces et le nombre d'individus par espèce.

Il est vrai cependant que la menace sur la biodiversité pèse plus lourdement sur les territoires où, il y a un siècle, les populations humaines étaient peu denses, les transports difficiles et les techniques de chasse rudimentaires. Ainsi, les grands singes et le rhinocéros noir sont en voie d'extinction. Toutefois, pour ce qui est de ce dernier, entre 2012 et 2018 sa population est passée de 4 845 à 5 630 têtes. Certes, ces animaux continuent d'être chassés pour les prétendues valeurs aphrodisiaques de leur corne, revendue 40 000 dollars le kilo à Shanghai, et l'on comprend pourquoi les

---

* Loi du 22 juillet 1960 relative à la création des parcs nationaux.

** Il existe onze parcs nationaux en France dont trois en outre-mer. Les premiers, celui de la Vanoise et de l'île de Port-Cros, furent créés en 1963.

braconniers les recherchent et trouvent des complicités chez des gardes mal payés qui risquent leur vie en s'opposant aux auteurs de ces regrettables massacres. Les mesures prises, notamment en leur coupant leur corne, semblent efficaces. Mais on a semble-t-il moins réussi avec le tigre d'Asie, qui a disparu de Chine et est menacé en Sibérie. Il existe plus de représentants de ce splendide félin dans les zoos qu'à l'état sauvage.

Plus globalement, l'espèce humaine partage la Terre avec d'autres espèces, aujourd'hui classées en six règnes : le règne animal, le règne végétal, le règne des champignons, le règne des êtres unicellulaires à noyau, celui des bactéries – eh oui ! – et celui des archées*. C'est dans les quatre derniers règnes qu'on observe la plus grande biodiversité, mais elle est encore très mal connue. Les débats passionnés s'intéressent cependant peu au monde microscopique, grâce auquel pourtant, depuis 2,5 milliards d'années, existe l'oxygène que nous respirons aujourd'hui. Quelques-unes de ces espèces ont pour les humains une utilité, pour les autres elle est moins évidente, ce qui ne veut pas dire qu'elle soit inutile, elle est seulement inconnue.

* Les archées sont des êtres vivants comportant une cellule sans noyau, ce ne sont pas des bactéries. On les trouve dans les océans et… dans nos tubes digestifs, où elles favorisent la digestion.

Sur de longues périodes, les espèces qui ont habité la Terre sont venues et s'en sont allées. Ainsi, depuis le Cambrien* (542 millions d'années), il y a eu cinq grandes extinctions. La vie s'est maintenue, avec des espèces différentes. Si on se limite aux seules espèces marines – mieux connues car elles laissent systématiquement des traces sédimentaires –, les espèces d'aujourd'hui sont cinq fois plus nombreuses qu'au début du Jurassique**, la période des grands reptiles et des dinosaures, il y a 150 millions d'années. Leur place a été prise par les oiseaux, qui sont leurs descendants, et les mammifères qui représentent l'avancée de l'évolution darwinienne. On peut donc aussi lire les grandes extinctions comme un passage de l'évolution et non des apocalypses, à moins que l'on ait une grand-mère dinosaure !

Quant au nombre d'individus par espèce, les variations dans le temps, sur des courtes périodes, sont considérables, et ceci bien avant l'époque actuelle. Ainsi, on connaît les populations de sardines qui vivent au large de la Californie depuis deux mille ans car leurs écailles laissent des traces dans les sédiments[2]. Surprise : on découvre qu'à un instant donné les populations varient de 1 à 8 et que ces variations sont à la fois soudaines, erratiques, imprévisibles et, sauf peut-être pour le dernier siècle, sans origine humaine.

---

* Le Cambrien est la première période de ce que l'on appelait autrefois l'ère primaire et qui porte aujourd'hui le nom de Paléozoïque.

** La deuxième période de ce qui était autrefois l'ère secondaire et qui est appelé aujourd'hui le Mésozoïque.

Aux variations dans le temps il faut ajouter les variations dans l'espace. Si les échanges de plantes sont aussi vieux que l'agriculture et les voyages, ils se sont grandement accrus au début de la Renaissance. Plantes et animaux ont changé d'écosystèmes grâce aux bateaux de commerce : se sont alors créés dans les grandes villes des jardins d'acclimatation. Cette acclimatation a bouleversé l'agriculture et l'alimentation des Européens d'abord, puis du monde entier. La famine a reculé, la population du globe s'est accrue et a parfois détruit les écosystèmes préexistants.

Il est indéniable que, depuis un siècle, la croissance démographique, la déforestation, la chasse, la surpêche, le mode de vie occidental, ont contribué à fragiliser une nature encore sauvage. L'étendue de certains écosystèmes s'est réduite au point de menacer la survie d'espèces qui y vivaient. C'est vrai de certains grands mammifères de la savane, mais aussi des récifs coralliens et des mangroves. Ces espèces sont-elles cependant dans leur majorité en voie d'extinction ?

Selon le WWF, un million d'espèces seraient menacées, chiffre gigantesque car il n'y aurait qu'environ 1,4 million d'espèces animales et/ou végétales vivant sur Terre, dont la moitié d'insectes[3]. On retrouve une telle généralisation hâtive jusque dans des revues de détente comme *TGV Magazine*. La seule référence bibliographique y est celle d'un chercheur, Philippe J. Dubois, auteur de l'ouvrage *Vers l'ultime extinction ? La biodiversité en danger*[4]. Les chiffres avancés sont là encore approximatifs et comme toujours précédés de l'inévitable conditionnel. « D'ici à un demi-siècle, 15 à 37 % des espèces animales et végétales pourraient avoir disparu de la surface de la Terre en raison du seul réchauffement climatique. » Vient ensuite un intertitre encore plus alarmiste : « Une espèce disparaît toutes les vingt minutes. » Si tel était le cas, ce seraient donc 3 espèces à l'heure, 72 par jour, plus de 33 000 par an, 332 800 en dix ans… et plus rien dans cinquante ans puisque le cap des 1,4 million d'espèces existantes aurait été franchi ! Dans son rapport de 2016[5], le WWF, de nouveau, indique qu'« entre 1970 et 2012 les effectifs de la population des vertébrés ont baissé de 58 %[6] ». Le journal *Le Monde* titre donc en première page le 28 octobre 2016 : « Biodiversité : 58 % des vertébrés ont disparu en quarante ans », oubliant de souligner qu'il s'agit d'effectifs, pas d'espèces. De fait, on recense 780 espèces disparues de la Terre depuis le début du XVIe siècle. La désinformation règne et se propage d'autant plus facilement que les concepts sont flous, la compréhension des phénomènes inexistante et leur idéologie dissimulée, avec pour principal ressort : la peur.

Peut-on d'ailleurs parler de biodiversité en général ? Pour l'analyse des biais statistiques et conceptuels contenus dans les rapports des puissantes associations qui se donnent pour mission de recenser les animaux (le plus souvent les seuls vertébrés) et les végétaux phanérogames (le long des fleuves, plus que dans la forêt profonde), le lecteur se reportera à l'ouvrage d'Alain Pavé[7]. L'intérêt majeur de ce livre est cependant ailleurs : l'auteur se demande en effet si la biodiversité peut être un concept statique. Doit-on partir du recensement à un instant donné de toutes les espèces vivant sur un territoire précis et tenter de les conserver à tout prix en l'état ? Si ce concept est statique, quelle est la place de l'homme ? La biodiversité est dynamique, même sans incursion humaine, et l'équilibre entre espèces a toujours été et sera toujours instable. On est donc incapable de prévoir l'évolution « naturelle » d'un écosystème pour cette raison, mais aussi, et peut-être surtout, parce que le hasard joue un rôle considérable.

Et puis, comment mesure-t-on la biodiversité ? Accorde-t-on la même importance au coronavirus qu'au tigre du Bengale ? Et si l'on se bat pour empêcher la construction du barrage de Sivens au nom de la défense de la biodiversité d'une zone humide – très propice aux insectes et aux maladies qu'ils véhiculent –, pourquoi ne tient-on pas compte de la biodiversité aquatique du lac futur que créera ce barrage ? Car, le jour où il aura été mis en eau, viendront y vivre de très nombreuses espèces aquatiques. Est-il certain qu'en nombre d'espèces le solde serait négatif ?

Par ailleurs, si l'on œuvre en faveur de la biodiversité, pourquoi ne pas accepter les OGM, qui indéniablement l'enrichissent ? Éradique-t-on les nouvelles espèces qui apparaissent, comme ce moustique né dans le métro de Londres au XIXe siècle, ou les perruches revenues en France à l'état sauvage et qui, en région parisienne, chassent merles, grives, moineaux et pies ? Et si la France veut préserver la biodiversité, pourquoi a-t-elle fait disparaître son service des haras ?

Pourquoi entretient-elle si mal la collection des graines entreposées à Versailles (plus de 5 000 variétés de pommes dans la collection, sur les 20 000 que compte l'Europe) ? Car, bien entendu, il faut inclure dans la biodiversité les espèces créées par l'homme depuis dix mille ans. Enfin, va-t-on interdire les jardins à la française à la biodiversité réduite mais cependant menacée par la pyrale du buis ? Ce papillon est-il une espèce protégée ?

Le vivant est fascinant de beauté et de complexité. La reconnaissance du rôle de la vie microscopique révolutionne l'agronomie, comme la médecine. Là aussi, il s'agit d'écologie, celle de l'avenir : écologie des sols et écologie du microbiote intestinal.

Au-delà, on peut s'interroger : quelle écologie va l'emporter ? L'écologie scientifique ou l'écologie politique ?

4

Les abeilles, adeptes de Darwin

En France, après chaque trajet un peu long en voiture, les plus de trente ans constatent la propreté relative de leur pare-brise : les insectes viennent de moins en moins s'y écraser. Dans leur cas, le terme d'extinction semble approprié. Un tiers des espèces seraient menacées. Les causes sont multiples et varient d'un écosystème à l'autre. L'intensification des pratiques agricoles, les pesticides, l'urbanisation, la déforestation, la disparition des zones humides, l'apparition de nouveaux parasites et de prédateurs expliquent notamment ce constat empirique, mais aussi le fait que le nombre de voitures en circulation a été multiplié par dix. Faut-il s'en inquiéter ? Toutes les espèces se valent-elles ?

D'abord, les insectes ne disparaissent pas partout. Des champs ont été dévastés par des nuées de criquets migrateurs dans la Corne de l'Afrique en février 2020. Alors que le fléau avait disparu dans les années 1960 grâce à une surveillance internationale et à l'usage du DDT, puissant insecticide épandu par avion, cette plaie d'Égypte réapparaît en Afrique de l'Est, comme en Afrique de l'Ouest (Niger,

Mali, Burkina Faso), mais aussi en Russie en 2015 ! Pour l'éviter, le remède est connu : il faut tuer les jeunes insectes dans les zones de reproduction. Tous les pays concernés doivent contribuer à cet effort. Il y a soixante ans, pour toute l'Afrique de l'Ouest francophone, une équipe de 80 personnes avec deux petits avions y parvenaient, au grand bénéfice des populations rurales.

Ensuite, la prolifération n'est pas qu'africaine ou russe ; en France, le moustique tigre qui transmet le chikungunya, maladie infectieuse qui n'est plus seulement tropicale, s'étend dans tout le sud-est de la France. Quant à la récolte de betteraves de 2020, elle sera très inférieure à celle des années précédentes : des pucerons verts sont passés à l'attaque au début du printemps. L'été 2020 aura aussi été en France un été à guêpes. Rien de surprenant car, quand on limite l'usage des insecticides, on fait le bonheur des insectes et l'on ne contrôle plus les maladies qu'ils transmettent.

De ces constats, on déduit une fois encore que les relations entre l'homme et la nature varient dans le temps et dans l'espace.

Si la sympathie pour les insectes n'est guère répandue, il existe une exception pour les abeilles, malgré la douleur et les réactions allergiques – parfois mortelles – que peuvent provoquer leurs piqûres. Le miel, depuis toujours prisé, l'est plus encore aujourd'hui qu'hier, car on lui attribue des vertus diététiques, voire thérapeutiques. L'organisation de la ruche fascine, et si les abeilles se défendent quand elles se sentent menacées, elles n'attaquent pas. De surcroît, chacun connaît leur rôle dans la pollinisation. Avec les autres hyménoptères – c'est leur nom savant –, elles évoquent des souvenirs fleuris et éclairent nos mémoires d'images parfumées de printemps lumineux.

Aussi l'opinion mondiale s'émeut-elle quand elle découvre, dès le milieu des années 1990, que les apiculteurs trouvent certaines de leurs ruches jonchées de cadavres. Certes, ce n'est pas nouveau car, dès la fin du XIXe siècle, ce phénomène a été documenté, mais il prend une importance toute particulière qui culmine au cours de l'hiver 2006-2007, quand on apprend qu'aux États-Unis un quart de la population d'abeilles aurait été décimée. La production mondiale de miel stagne autour de 1,8 million de tonnes en 2018 et comme la demande s'accroît, les prix montent et le miel frelaté envahit le marché. Toutefois, la production mondiale a plus que doublé depuis 1960 (0,7 million de tonnes). Les abeilles n'ont pas encore toutes disparu, heureusement.

Quant aux causes de fragilité des ruches, en février 2008 l'Agence française de sécurité sanitaire des aliments (AFSSA) présente enfin une étude objective. Elle a été menée pendant trois ans sur 120 colonies d'abeilles, dans cinq départements (Eure, Gard, Gers, Indre et Yonne). Chaque ruche a été visitée quatre fois par an entre 2002 et 2005. Parmi les causes potentielles de l'hécatombe, les chercheurs ont privilégié l'usage de pesticides et d'insecticides, notamment le Gaucho et le Régent*. Du fait de cette suspicion, sans

* Ils ont été interdits depuis.

preuve flagrante, l'usage du premier avait déjà été suspendu dès 1999 sur le tournesol et, dès 2004, sur le maïs ; pour ce qui est du second, il était interdit pour tout usage, en France, depuis 2004, au moment de l'étude.

Les résultats de cette recherche de l'AFSSA sont fascinants. Sa conclusion essentielle ? Il y a de bons et de mauvais apiculteurs et c'est ce facteur qui explique la différence de production des ruches ! Les pratiques d'élevage, nous dit-on, sont déterminantes et, avec grande honnêteté, l'étude rapporte qu'aucun effondrement particulier n'a été constaté durant ces quatre années, dans ces 120 colonies, où la mortalité des essaims reste inférieure à 10 %. Ce taux est « normal ». Certes, certaines ruches ont été malades de la loque* transmise par le *Varroa destructor***, mais, dans ce dernier cas notamment, les scientifiques qui suivent l'expérience ont indiqué aux apiculteurs la conduite à tenir pour l'éradiquer***. Quant aux premiers suspects, les pesticides et insecticides, ils ont été trouvés dans de nombreuses ruches, mais à des doses tellement faibles qu'aucune relation n'a pu être établie entre ces traces de résidus et la mortalité des abeilles ! Ce qui n'a pas empêché la France de les interdire en 2006, sans qu'aucun effet bénéfique visible ne se manifeste depuis. Cette interdiction des néonicotinoïdes s'est

* Bactérie qui attaque les larves.

** Parasite de la taille d'une puce qui se loge dans la tête de l'abeille et qui est vecteur de plusieurs maladies.

*** Ce qui est un comportement contestable du point de vue scientifique.

étendue à toute l'Union européenne en 2018 avec des conséquences dramatiques pour la culture de la betterave comme l'illustre la campagne 2020 et… les retournements du gouvernement français en la matière.

Les pesticides sont toujours les grands suspects. Dans l'étude citée, les échantillons de pollen qui étaient prélevés dans les ruches furent considérés comme « positifs* » quand ils dépassaient la capacité de détection ! Ainsi, 57,3 % contenaient de l'imidaclopride avec, soulignons-le, 0,92 millionième de gramme par kilo en moyenne. D'autres pesticides furent aussi détectés. L'AFSSA y voit une explication possible – mais non démontrée – de l'affaiblissement des reines**.

Rapportant les propos de Philippe Vannier, directeur à l'époque de la santé animale à l'AFSSA, Gaëlle Dupont précise que « ces résultats ne peuvent être extrapolés et ne permettent pas de trancher sur l'impact des pesticides présents dans l'environnement sur la santé des abeilles, ou sur les éventuelles synergies entre pesticides et maladies. "Ils n'ont de valeur que pour l'échantillon considéré, qui est faible, affirme le scientifique. Mais [l'étude] apporte des éléments objectifs et précis dans un dossier où ils font défaut."[1] » Autrement dit, les suspects ont été blanchis, mais demeurent suspects.

Supposons que l'inverse ait été découvert, autrement dit

* Même si cela n'est pas dit « positif », il n'est donc pas synonyme de « toxique ».

** Faut-il laisser mourir la colonie ou « affaiblir » la reine ?

que pour ces colonies un lien statistique ait été établi entre des traces de pesticides et la mortalité des ruches, n'y aurait-il pas eu généralisation ? Il est vraisemblable que oui. Or, d'un strict point de vue logique, la généralisation eût été tout aussi hasardeuse. Certes, la suspicion trouvait des bases empiriques, mais elles n'étaient pas encore une preuve. Pour qu'il ait eu preuve, encore aurait-il fallu que l'on soit capable de démontrer le mécanisme biologique en jeu entre ces traces de produits et la mortalité des abeilles.

Le résultat de l'étude de l'AFSSA est donc partiel et provisoire, il faut comprendre qu'il le demeurera toujours tant qu'on n'aura pas démontré le contraire. Néanmoins, il est provisoirement « vrai » que les pesticides et insecticides ne paraissent pas être à l'origine de la surmortalité des ruches. En attendant, la France s'est distinguée par sa prudence et le Gaucho comme le Régent sont employés en dehors de l'Europe, sans être désignés comme étant les responsables de cette hécatombe.

Entre-temps, des abeilles meurent toujours et certaines causes, on l'a vu, ont été détectées. D'autres facteurs sont plus hypothétiques : des virus, des bactéries, des champignons. Certains produits chimiques à petites doses – produits qui ne sont pas des pesticides – pourraient modifier la physiologie complexe de ces insectes. L'élevage intensif*, l'homogénéité génétique des ruchers, la réduction saisonnière de la

* L'apiculteur fournit parfois du sucre ou des substances chargées de fructose quand les floraisons tardent.

biodiversité florale, l'interaction entre tous ces facteurs ?... Peut-être, on ne sait pas encore.

Quant aux OGM, il a aussi été émis l'hypothèse qu'ils pourraient avoir un effet chez les abeilles infectées par un parasite. Toutefois, l'Europe, où les OGM sont très rares voire absents, a été touchée par la disparition des abeilles avant les Amériques où ils sont très répandus. À moins que, j'y songe, ce ne soient les cultures bio, jusqu'ici non suspectées, mais grandes utilisatrices du bacille de Thuringe (*Bacillus thuringiensis israelensis*), qui soient les premières coupables ? En effet, cette bactérie tue les chenilles qui se nourrissent de feuilles. Cette hérésie est peut-être moins farfelue qu'il n'y paraît. L'agent actif de certaines variétés de plantes génétiquement modifiées est la protéine active de cette bactérie qui a été introduite dans le maïs pour qu'il se défende seul. En culture bio, il est non seulement licite mais courant d'épandre sur des salades, ou toute autre culture, des kilos de ce bacille de Thuringe, et avec lui la fameuse protéine. Parce qu'il est « naturel », ce bacille serait par essence innocent, alors qu'il est mis à toutes les sauces de la démoustication bio, et son principe actif deviendrait coupable parce qu'il a été introduit dans un OGM ? Curieuse logique !

Depuis 1963, existait aussi un produit chimique efficace et bon marché : le téméphos. Cette substance tue les larves par simple contact. En application d'une directive européenne du 16 février 1998, ce produit connu depuis des décennies devait être « habilité ». Or, le fabricant, la firme Bayer, a refusé de déposer un dossier d'habilitation, car il était trop complexe et trop coûteux pour un si petit marché. Pas de téméphos donc, mais des perspectives de soirées piquantes. Christian Jean, président de l'Entente interdépartementale pour la démoustication (EID) des départements limitrophes de la Méditerranée, se bat avec énergie depuis cinq ans contre ce qu'il appelle « un non-sens administratif ». Dans les années 1950, se souvient-il, en été le couvre-feu s'établissait aux portes de Montpellier à cause des moustiques « qui dissuadaient les promeneurs de se risquer au-delà de l'avenue de Palavas[2] ». Tous ceux qui passent leurs vacances à proximité des 10 000 hectares de zones humides qui s'étendent dans le sud de la France, de la frontière espagnole aux étangs de Camargue, vont s'enduire de produits insecticides à des doses qui dépassent des milliards de fois le… milliardième de gramme.

En attendant, les moustiques prolifèrent, les grenouilles et les chauves-souris se régalent, les adultes s'énervent, les marchands d'insecticides s'enrichissent et les enfants sont couverts de piqûres infectées à force d'être grattées.

5

La surpêche, terrible réalité

En 2018[1], les prises de la pêche mondiale plafonnaient aux environs de 97 millions de tonnes et si certains pays, au prix de mesures drastiques, vont parvenir à régénérer leurs réserves, ce n'est pas la règle. Les océans sont devenus des zones de non-droit et la pêche « légale » ne vaut guère mieux quand des chefs d'État vendent pour une bouchée de pain leurs droits de pêche, sans contrôler les prises et sans en faire bénéficier leur pays.

L'évidence est là : les chalutiers industriels européens, mais surtout chinois, russes, coréens ou japonais pillent les eaux poissonneuses ! Et privent les pêcheurs locaux de leurs ressources. L'impact est considérable et les contrevenants nombreux. Selon le journal *La Croix*, « grâce à des albatros équipés de balise, des écologues français estiment que plus du tiers des bateaux pêchant dans les eaux internationales de l'océan Austral sont "illégaux"[2] ». Si certains ramassent tout ce qui nage car un tiers des prises mondiales servent à fabriquer des huiles et des farines de poisson, d'autres rejettent sans vie à la mer les espèces que l'armateur ne commercialise pas. On estime que c'est le cas de 25 % des poissons pêchés, soit environ 27 millions de tonnes.

À l'ouest de l'Afrique, dans l'océan Indien, au sud-est du Pacifique, les navires usines pêchent toujours plus profond et endommagent les écosystèmes sous-marins via leurs grands chaluts. En outre, les systèmes ultrasoniques de repérage des bancs de poissons facilitent grandement les prises, mais n'épargnent pas les prises « accessoires », notamment des prédateurs marins : dauphins, tortues... Ils peuvent aussi se prendre et mourir dans les chaluts, être piégés par des filets abandonnés ou noyés par des lignes de fond qui les empêchent de venir respirer à la surface. La surpêche menace donc aussi des mammifères marins, des reptiles, ou des oiseaux comme l'albatros.

La FAO estime à 77 % la proportion d'espèces de poissons impactées par ces techniques ; 8 % des espèces seraient épuisées, 17 % surexploitées et 52 % exploitées à leur maximum. La surpêche est une réalité. On en parle quand l'augmentation des capacités de capture entraîne :

– une diminution du nombre de prises, voire la disparition plus ou moins locale de certaines espèces ;

– une diminution de la taille moyenne et de l'âge des prises ;

– une diminution du poids moyen des prises (individus plus jeunes, ou éventuellement sous-alimentés) ;

– une régression du stock d'individus aptes à se reproduire, sachant que le nombre d'œufs fécondés et pondus est bien plus élevé chez les poissons ayant atteint leur pleine maturité.

Sont principalement concernés par la surpêche la sardine en Californie, l'anchois au Pérou, la morue à Terre-Neuve et le hareng en mer du Nord. Dans une remontée d'eau au large de la Namibie, la surexploitation a provoqué un spectaculaire effondrement des populations de sardines

(*Sardina pilchardus*) dont les tonnages sont passés de 1,5 million de tonnes par an en 1960 à... rien (deux sardines pêchées lors d'une campagne scientifique en 2007) ! Il en va de même pour les anchois (*Engraulis encrasicolus*) et le merlu qui ont laissé la place à un écosystème marin appauvri, peuplé d'espèces primitives telles qu'éponges, macroalgues, et autres oursins. Ah si, il reste aussi les méduses ! Ailleurs, les populations de flétans et de thons rouges ont diminué de 90 %. On estime enfin que 95 % de la population des anguilles d'Europe ont disparu. Cette espèce, considérée autrefois comme la plus résistante, est depuis 2007 classée comme espèce menacée et protégée en Europe.

Dans leurs eaux territoriales, les États sont souverains pour réguler la pêche jusqu'à la frontière d'une zone qualifiée d'« exclusivité économique » qui s'étend jusqu'à 200 milles des côtes : la ZEE. Un des enjeux importants du Brexit touche d'ailleurs à cette question, car les pêcheurs de l'Union européenne se demandent à quelles conditions ils pourront encore travailler dans les riches eaux territoriales britanniques.

Pour que cesse la surpêche, l'organisation internationale compétente, la FAO, préconise une série de mesures restées pour l'essentiel lettre morte. Pourtant, il serait possible de limiter les saisons et les zones de pêche. Il serait bon également de ne plus subventionner une activité prédatrice, destructrice de l'environnement ! Et on pourrait interdire l'accès aux ports des navires pratiquant la pêche illégale, non déclarée et non réglementée comme le propose un projet de traité élaboré en 2009 et qui a obtenu l'accord de 91 pays. Mais, comme il s'agit de police internationale et que les pays les plus prédateurs ne sont pas les moins puissants, ils ne sont pas particulièrement motivés pour aider les autres pays à lutter contre la pêche illégale.

La situation de la coquille Saint-Jacques en rade de Brest et en baie de Saint-Brieuc, comme la pêche des homards en Amérique du Nord, montrent cependant que l'on peut réguler les prises dans un écosystème marin pour le bénéfice de tous les acteurs, y compris les pêcheurs. Quant aux mesures drastiques adoptées par le Canada pour la pêche à la morue au large de Terre-Neuve, on souhaite qu'elles portent leurs fruits fruits et si c'est bien le cas, ce sera parce qu'il existe un comité des pêches, une police maritime et… de fortes amendes.

Comme le poisson est un aliment de choix aux nombreuses vertus nutritives, la demande s'accroît. L'avenir est dans l'aquaculture à condition que l'on n'oblige pas réglementairement les poissons à ne manger que… du poisson. Depuis les années 1970, l'aquaculture s'est développée de manière considérable dans le monde. Aujourd'hui, en 2020, la production aquacole de poissons, de coquillages et de crustacés dépasse le tonnage exploité par la pêche traditionnelle.

L'aquaculture ne date pas d'hier. Les Chinois et les Indiens ont été des précurseurs et la pratiquaient déjà deux mille ans avant notre ère. Plus près de nous vinrent les Grecs pour les huîtres, les Égyptiens pour le tilapia… Sous l'Empire romain, de nombreuses villas patriciennes comportaient un bassin qui n'était pas que décoratif. Au Moyen

Âge, les monastères développèrent la pisciculture pour leurs moines soumis à l'interdiction partielle ou totale de consommer de la viande. Jusqu'au milieu du XXe siècle, un peu partout en France, la pisciculture artisanale est présente en eau douce pour les truites, carpes et brochets, tandis que la production d'huîtres et de moules se développe en Méditerranée, comme sur les côtes de l'Atlantique et de la Manche.

Toutefois, il y a un demi-siècle, cette activité change d'échelle. À partir des années 1970, les progrès de la recherche en génétique et en alimentation des poissons, comme en génie civil des installations, vont permettre son développement très rapide. La France y joue un rôle reconnu sur le plan scientifique et technologique, mais les poissons que ses habitants consomment, et notamment le saumon, sont surtout... scandinaves. Cette offre nouvelle, abondante et de qualité trouve un marché et les prix baissent car les poissons sont aussi d'excellents transformateurs d'aliments. Il faut 2 kilos d'aliments pour un kilo de poisson, mais 4 kilos pour un kilo de porc et 7 kilos pour un kilo de bœuf !

En 2016, la production aquacole atteignait 50 millions de tonnes en eau douce et 30 millions de tonnes en milieu marin, soit 80 millions de tonnes de produits d'élevage. Depuis une décennie, la croissance annuelle de ces productions est de 5 % et s'approche des 90 millions de tonnes de la pêche en mer. Les 7,4 milliards de Terriens auront consommé, en 2016, 170 millions de tonnes d'animaux aquatiques, soit une moyenne de 20 kilos par personne et par an. Après le classique saumon sont apparus en élevage marin les crustacés (surtout des crevettes), la sole, le turbot, le thon, le loup, la coquille Saint-Jacques, la dorade et enfin, notamment en Nouvelle-Aquitaine, l'esturgeon pour son caviar. Aujourd'hui, l'aquaculture représente 14 % de la consommation de produits animaux, la pêche 15 %. Il est donc en train de se passer pour la pêche ce qui s'est produit pour la chasse il y a environ mille ans : les produits de la mer consommés ne sont plus directement prélevés dans la nature, mais sont élevés.

Ce combat contre la surpêche n'est toutefois pas gagné. Paradoxalement, on peut même craindre qu'il ne se développe avec la baisse de la biodiversité, car les armateurs cherchent à maintenir un niveau égal de prises. La bonne nouvelle serait que ces produits deviennent beaucoup plus onéreux que les produits d'élevage, or le prix de ces derniers baissera d'autant plus vite qu'il sera possible de nourrir des truites, des bars et des saumons avec des aliments d'origine végétale et non plus des farines de poisson. Enfin, il n'y a rien de plus terrible que de voir à Madagascar, comme sur d'autres côtes africaines, des pêcheurs miséreux utiliser la dynamite pour tenter de nourrir leur famille et ainsi détruire, avec la biodiversité, les plus beaux des paysages sous-marins, là où des poissons de toutes tailles et de toutes couleurs vivent dans des jardins de corail.

Mais comment les aider sans se rendre coupable d'ingérence dans la politique de leur pays ?

6

La forêt, autre victime de l'ignorance ambiante

Comme les poissons, comme tous les êtres vivants d'ailleurs, les arbres croissent vite dans leur prime jeunesse. Si pendant ses vingt premières années le châtaigner pousse plus vite que les autres espèces cultivées à croissance rapide, c'est le douglas* qui prend ensuite le relais pour faire du bois d'œuvre. La croissance du châtaignier est exceptionnelle, ce qui explique que beaucoup de taillis des forêts sont constitués de cette essence, comme peuvent le constater les promeneurs. Ces taillis étaient exploités autrefois pour produire du bois de chauffage et du charbon de bois. Pour le bois d'œuvre, c'est le douglas, au bout de soixante ans et non plus de vingt, qui l'emporte et pousse, durant cette période, deux fois plus vite qu'un chêne (0,5 centimètre contre 0,25 centimètre de rayon de l'arbre par an).

---

* Ce conifère de l'ouest de l'Amérique du Nord a été choisi depuis un siècle par les forestiers français pour la qualité de son bois et la rapidité de sa croissance. Il a peu de parasites et donc ne requiert pas de traitements, même en début de croissance.

Sur la terre ferme, comme dans l'eau, les risques biologiques sont, à l'instar de chez les humains, liés à l'âge. Le risque de roulure du châtaignier augmente après cinquante ans ; la pourriture noire du merisier se déclare entre soixante et soixante-dix ans ; le risque de cœur rouge du hêtre s'accélère après cent vingt ans… Quant au tremble, à l'aulne, au bouleau, leur durée de vie dépasse rarement soixante ans. Mais de très nombreux arbres peuvent vivre plusieurs siècles. Il y a donc un âge optimum d'exploitation pour chaque arbre : vingt ans pour un peuplier, soixante ans pour un douglas, cent vingt ans pour un hêtre, cent quatre-vingts ans pour un chêne…

Quant au mode de régénération, naturel ou par plantation, il y a eu longtemps pour les feuillus (hêtres et chênes) une philosophie différente entre les forestiers allemands partisans des plantations et les forestiers français partisans de la génération naturelle, ce qui ne veut pas dire sans contrôle attentif des forestiers, donc pas si « naturelle » que ça.

Mais la forêt n'est pas seulement un lieu de production de bois, c'est aussi un endroit de promenade, de rêverie, de chasse, de cueillette et de cohabitation entre de nombreuses espèces. Les forestiers privés représentent les trois quarts de la forêt française. Les forêts françaises accueillent chaque année 700 millions de visites. Quant à la biodiversité, elle dépend du climat, des essences, des modes d'exploitation, du sol, de la pluviométrie…

Rappelons en outre qu'en Europe la forêt naturelle ne représente que 1 % des surfaces boisées. Elle se trouve essentiellement en Pologne et n'existe pratiquement pas en France, alors qu'elle représente au Canada de 40 à 52 % de ces espaces. L'exploitation nuit-elle à la biodiversité ? Globalement, non. « À l'échelle locale, expliquent deux experts, les forêts non exploitées sont réputées plus riches que les forêts exploitées. Pourtant, des études sur les plantes vasculaires, les oiseaux et certains invertébrés du sol montrent un effet positif de l'exploitation sur la richesse spécifique totale[1]. » Il y a toutefois une exception pour « les coléoptères saproxyliques [qui vivent dans le bois en décomposition], les bryophytes [les mousses par exemple], les lichens et les champignons […] plus sensibles à l'exploitation forestière ». La raison de cette fragilité est simple : ils vivent sur une végétation en décomposition. Ajoutons d'ailleurs que moins une forêt est exploitée, plus elle se couvre, ce qui réduit la luminosité ; la biodiversité diminue alors, à moins de faire artificiellement des puits de lumière.

En 2018, un premier film militant lance l'offensive contre la sylviculture : *Le Temps des forêts* la caricature en l'illustrant par de la mécanisation lourde. Il est vrai qu'un arbre ne se soulève pas avec le petit doigt, qu'on ne l'abat plus à la main et qu'on ne tire plus les grumes à cheval. Ce même thème d'ignorants des pratiques forestières est repris par des livres tout aussi militants[2]. Puis la violence des militants écologistes s'éloigne – doux euphémisme – du débat d'idées. La veille de Noël 2018, un premier acte inacceptable illustre cette campagne : un incendie volontaire se déclare à l'usine Mecafor en Corrèze. Il y a un an, Mathilde Panot, députée LFI, lance une commission d'enquête citoyenne pour une « gestion alternative des forêts ». Le 4 juin 2020, 25 activistes de Canopée Forêts vivantes, SOS Forêt et ANV entrent en force dans l'usine de granulés bois Biosyl à Cosnes-sur-Loire (Nièvre)[3]. Enfin, le 22 juillet 2020, l'association Canopée s'introduit dans les bureaux de France Bois Forêt, Fransylva et PEFC pour… « ouvrir le débat sur les coupes rases[4] ».

Certes, pour aller dans le sens du maire de Bordeaux qui ne veut plus de sapin de Noël, quand on coupe un arbre, non seulement il meurt, mais cela dérange les oiseaux et les insectes qui y nichent. Toutefois, ces volatiles se déplacent, pas loin en général, car les parcelles dépassent rarement, en France, quelques hectares. Heureusement il n'y a pas qu'à Noël que l'on coupe des arbres. Mais on en replante et la vie repart.

Bien entendu, des progrès dans ce domaine existent : dans certains cas – pas toujours, donc – on peut associer résineux et feuillus. Mais après les affaires du barrage de Sivens, de la ZAD de Notre-Dame-des-Landes, des faucheurs volontaires, on ne peut que constater la passivité, pour ne pas dire la complicité tacite de l'État à l'égard des actes violents commis par des apôtres de la décroissance.

Ignorance et à-peu-près nourrissent une idéologie qui se traduit par une volonté – politique – de nuire à une production à l'évidence écologique et néanmoins mécanisée. Les vertus isolatrices du bois sont pourtant connues. Tant qu'il ne brûle pas, il piège en son sein du carbone. Il abrite un écosystème qui changerait peu si on gardait ces arbres sur pied.

L'opinion évoluera peut-être quand, collectivement, nous découvrirons les drames d'une réelle décroissance, le jour, proche, où les revenus de la production – de bois notamment – ne seront plus compensés par la générosité des créanciers de la France. Mais ce jour-là, il sera bien tard pour réagir. Trop tard ?

PROCÈS D'INTENTION

7

Nourrir 9 milliards d'êtres humains

La population de la Terre va croître, les malthusianistes estiment que ce sera pour la planète une catastrophe, car il faudra nourrir ces enfants qui vont naître, mais aussi les habiller, les transporter et les chauffer ; en outre, quand ces enfants deviendront adultes, la situation s'aggravera encore. Ce point de vue est aujourd'hui relayé par des « scientifiques » qui, sortant de leur champ de compétence, donnent du crédit à cette sombre vision aussi vivace que démentie depuis deux siècles. Ainsi, fin 2019, plus de 15 000 scientifiques de 184 pays ont pris la plume pour alerter sur l'état de la planète et proposer les changements indispensables si l'on veut « éviter de grandes misères humaines[1] ». Bien entendu, à l'instar déjà du commandant Cousteau, aucun d'entre eux ne se plaçait dans la catégorie de ceux qui ne devraient pas exister !

Selon la FAO, les terres arables (c'est-à-dire labourables) sont passées de 1 200 à 1 500 millions d'hectares entre 1961 et 2018. Elles représentent 10 % de la surface des terres émergées. Et 3 % de la surface de la planète. Depuis 1961, les 300 millions d'hectares supplémentaires n'ont été pris que partiellement sur la forêt. Entre 1991 et 2018, cette dernière n'a régressé que de 2 % et couvre encore 4 000 millions d'hectares soit 28 % des terres émergées.

L'emprise progressive de l'agriculture sur la forêt est limitée. Il est donc inexact de prétendre que « 100 hectares de forêt disparaissent chaque seconde dans le monde », comme l'annonce en 2017 le site Internet d'En marche, à la rubrique « climat[2] ». Comme il y a 31 536 millions de secondes dans une année, la destruction de 100 hectares par seconde se traduirait par la disparition de 3,15 milliards d'hectares de forêts par an, or la surface des forêts de la planète est de 4,1 milliards d'hectares. En un an, 75 % des forêts du monde auraient disparu et il n'y aurait plus de forêts depuis qu'existe ce très jeune parti politique ! Certes, comme l'indique en 2015 la FAO, chaque année disparaît 0,08 % de la surface forestière du globe, soit 3,3 millions d'hectares sur 4,1 milliards des hectares forestiers de la planète[3]. C'est beaucoup, mais 1 000 fois moins que le chiffre des « experts » du climat d'En marche.

Mais revenons à l'agriculture et rappelons quelques ordres de grandeur. Les terres émergées, tous continents confondus, représentent 15 milliards d'hectares. Celles qui sont habitables et habitées (hors grands déserts froids ou chauds, hors Antarctique) n'en couvrent que les deux tiers, soit 10 milliards d'hectares environ. Les forêts avec 4,1 milliards d'hectares en utilisent 41 % et les cultures annuelles seulement 14 %. La forêt s'étend donc sur trois fois plus d'espace que les sols agricoles en cultures annuelles, en revanche les pâturages naturels ou cultivés en représentent, eux, près du double. Si l'on rapporte les surfaces agricoles en cultures annuelles à la surface de la Terre, elles n'en représentent que 2,8 %. L'agriculture seule ne peut par conséquent pas être la source de tous les désastres.

La régression de la famine mondiale n'est pas due à la destruction des forêts mais à l'amélioration de la productivité de l'agriculture. Depuis 1961, la population mondiale a plus que doublé et est passée de 3 milliards à 7,5 milliards de Terriens. Si la famine ne s'est pas généralisée, bien au contraire, c'est que les rendements agricoles ont crû et, si tel est bien le cas, ces terres plus productives aujourd'hui qu'hier ne se sont donc pas dégradées. Au demeurant, dans le monde entier, le prix des terres agricoles ne cesse d'augmenter !

En 1960, il fallait 4 000 mètres carrés pour nourrir un Terrien, il en faut aujourd'hui la moitié (2 000 mètres carrés). La baisse annuelle observée du besoin en terres arables est donc de 40 mètres carrés par Terrien et par an. Si l'on projette cette baisse jusqu'en 2040, elle pourrait conduire à moins de 1 000 mètres carrés par personne. Cette hypothèse consiste simplement à estimer que la productivité de l'agriculture actuelle des pays les plus développés gagnera progressivement celle des pays qui le sont moins. Ce ne sont pas des innovations à ce jour inconnues, mais l'extension de techniques connues qui justifient ce constat rassurant.

Sur 1 000 mètres carrés, on peut d'ores et déjà produire, en France, 0,7 à 0,8 tonne de blé, ou de maïs. Au Brésil, un dixième d'hectare fournit une tonne de sucre, une tonne de riz ou une demi-tonne d'huile de palme. Au Vietnam, un hectare de rizière nourrit 25 Vietnamiens. Bien entendu, tout cela suppose que l'on puisse utiliser des engrais, des produits phytosanitaires, des tracteurs – ainsi que des OGM ! –, qui contribuent à une meilleure productivité tout en réduisant l'usage de pesticides. C'est ce qui se fait dans les pays émergents qui, ainsi, sortent de la famine et commencent à exporter leurs excédents agricoles.

On pourrait donc assister, d'ici à 2040, à une « déprise agricole mondiale » de 500 millions d'hectares, ce qui permettrait de les affecter, par exemple, aux pâturages ou au reboisement. Ceci se passe déjà aujourd'hui… en France.

Malheureusement, nous exportons aussi cette navrante philosophie écologico-malthusienne célébrée par certains de ses gourous, parmi lesquels Pierre Rabhi, qui sévit en France et en Afrique de l'Ouest. Sa doctrine et sa parole ont été qualifiées de « charlatanisme à très haut niveau » par Gérald Bronner[4], qui rappelle que Rabhi est un adepte de la biodynamie, dont nous parlerons plus loin. « Pierre Rabhi est proche des mouvements sectaires, ne faisant pas mystère de son admiration pour Rudolf Steiner, fondateur de l'anthroposophie. Antivaccins, les réseaux Steiner ont entraîné la reprise de foyers de rougeole dans toute l'Europe. Et dans la "ferme des amis de Pierre Rabhi", on cloue des boyaux de cerf pour attirer les énergies cosmiques. Est-ce là-dessus qu'il faudrait fonder notre agriculture et nourrir l'humanité ? »

8

De l'eau volée par les riches ?

En important des produits agricoles, les pays riches priveraient les pays pauvres de précieuses ressources en eau. Qu'il s'agisse de fruits, de légumes ou de viande, les productions agricoles détourneraient en effet, quand elles sont exportées, les ressources en eau du pays producteur. Pour illustrer cette nouvelle forme de colonialisme, a été créé le concept d'« eau virtuelle », ou d'« empreinte d'eau » pour traduire littéralement le concept de *water footprint*. L'inventeur en est Anthony Allan, professeur de géographie au très réputé King's College de Londres[1].

Pour estimer l'importance de ce prélèvement, sinon de ce vol, le Conseil mondial de l'eau[2] a estimé que la quantité d'eau « nécessaire[3] » pour produire un kilo de lait serait de 790 litres, de 1 160 litres pour un kilo de blé et de 13 500 litres pour un kilo de bœuf. Ainsi, Daniel Zimmer, alors directeur de ce Conseil, intervenant à la session du Forum mondial de l'eau à Kyoto en 2003 intitulée « Échanges et géopolitique de l'eau virtuelle », déclarait que « c'est parce qu'ils ne sont pas conscients de ce phénomène que tant d'êtres humains emploient cette ressource en aussi grande quantité[4] ».

Certes, les ressources en eau sont précieuses, et le seront d'autant plus que la température du globe augmentera. Il est déjà très imprudent de puiser dans des nappes phréatiques qui se renouvellent mal, comme celles de la vallée de San Joaquin en Californie, où poussent une très grande partie des fruits et des légumes américains. Il existe d'autres exemples de gâchis d'eau manifestes : il est aberrant de faire pousser du blé dans les déserts, ce que font pourtant l'Arabie saoudite et la Libye en puisant dans leurs nappes fossiles et donc non renouvelables. Toutefois, l'existence de déserts chauds ou froids et de zones arides ne prouve pas que les haricots du Kenya ou les tomates marocaines volent des mètres cubes de ce liquide précieux aux habitants de ces pays.

Le cycle de l'eau en agronomie est simple. En présence d'eau et, ne l'oublions pas, de l'indispensable gaz carbonique, les plantes, qu'il s'agisse de liseron, de chiendent, de blé, de canne à sucre ou de tomate, ont la capacité de transformer l'énergie du soleil en biomasse, grâce à la chlorophylle. Quand une culture n'est pas irriguée, ce qui est le cas de 94 % d'entre elles dans l'Hexagone, la plante, qu'elle soit sauvage ou cultivée, ne change rien au cycle de l'eau, si ce n'est qu'elle favorise l'infiltration et ce faisant réduit l'évaporation et le ravinement des sols. Les 34 millions de tonnes de blé produites en France en 2018 n'ont pas « consommé » plus d'eau que celle de leur tige et de leur épi ; le blé est une culture d'hiver, non irriguée donc.

En revanche, les plantes irriguées bénéficient de réserves puisées dans les cours d'eau ou la nappe phréatique. On estime qu'elles « évapotranspirent* » 2,5 milliards de mètres cubes, ce qui semble considérable mais est négligeable quand, en France, 171 milliards de mètres cubes d'eau passent l'embouchure des fleuves pour se perdre en mer après tous les prélèvements divers, y compris l'irrigation**.

Des chercheurs militants ont alors fait une invention géniale : l'« eau virtuelle » ! Ce concept peut conduire à des constats surprenants. Selon des calculs réalisés en 2008, le Royaume-Uni***, où il n'est pas nécessaire de rappeler qu'il pleut souvent, serait le sixième importateur net d'eau au monde et seulement 38 % de la consommation totale d'eau proviendrait des ressources du Royaume. Les Britanniques « consommeraient**** » alors 30 fois plus d'« eau virtuelle » (4 645 litres par personne et par jour) que d'eau potable pour tous leurs usages domestiques (150 litres).

Bien entendu, le détail de ces calculs n'est jamais précisé. Décompte-t-on l'eau de pluie qui fait pousser le coton au Burkina Faso, au Mali ou ailleurs ? Calcule-t-on

---

* L'évapotranspiration des plantes est le phénomène physiologique qui recule le passage de leur eau de l'état liquide à celui de vapeur.

** Le débit des fleuves de France, mesuré depuis trente ans, intègre les prélèvements consommés, notamment ceux de l'irrigation, déjà fortement développée dans les années 1980.

*** Nous ne traitons ici que de climat, et donc pas de consommation de bière ou de whisky.

**** Ils ne la consomment pas, ils l'utilisent avant le rejet au milieu naturel, ce qui est très différent.

l'évapotranspiration naturelle du tonnage de toutes les productions céréalières du marché mondial ? Croit-on que cette « vapeur d'eau » transpirée par ces plantes serait « exportée » sous prétexte que l'on exporte leurs graines ? Si ces graines n'étaient pas exportées, et donc, par hypothèse, étaient consommées dans le pays de production, l'évapotranspiration n'aurait-elle pas été la même ? Ce serait donc l'exportation qui créerait l'« eau virtuelle », pas la production !

Comme l'eau qui passe n'est pas stockée et que, si elle l'était, elle causerait des inondations, il n'y a aucune culpabilité à consommer du café, du cacao ou des bananes en provenance de pays tropicaux humides où l'eau est en excès permanent. À leur tour, ils peuvent importer sans complexes nos céréales, qui ne poussent pas en climat équatorial. Quant aux carnivores, sont-ils coupables de détourner à leur profit des piscines entières pour produire un kilo de viande ? Un des angles d'attaque des adversaires de la viande est en effet pour les agronomes et les hydrologues assez inattendu, tant il est facile à démonter. Jugez-en.

Selon l'association L214, produire de la viande consommerait beaucoup d'eau[5]. Quant à l'association pour la sauvegarde de la biodiversité, elle prétend que la consommation actuelle de viande a un impact écologique catastrophique : utilisation des ressources d'eau, dégradation des sols (piétinement des troupeaux, diminution des habitats sauvages), réchauffement climatique…

L'Institut national de la recherche agronomique (INRA)

donne un autre chiffre pour ce même kilo de viande et précise que « la communauté scientifique considère qu'il faut entre 550 à 700 litres d'eau pour produire un kilo de viande de bœuf. En eau utile*, il faut** 20 à 50 litres[6] ». C'est donc déjà entre 30 et 3 000 fois moins, sachant que le seul chiffre dont on puisse être certain est que, *in fine*, dans un steak, il y a 70 % d'eau soit donc 0,7 litre.

Quel chiffre retenir : 15 tonnes, 7 quintaux, 50 kilos ou 700 grammes pour ce kilo de viande et quelles conséquences en tirer ? Encore une fois, un être humain pas plus qu'un animal ne « consomme » de l'eau. Il en est *a fortiori* de même des bovins et notamment des races à viande, qu'elles soient charolaises ou limousines, le plus souvent élevées de manière extensive. Leur alimentation provient des pâturages dans lesquels les animaux restent et vivent librement toute l'année. La prairie reçoit la pluie qui vient du ciel. Si le veau se nourrit du lait de sa mère, l'adulte mâle ou femelle consomme exclusivement de l'herbe, jusqu'à 80 kilos par jour, herbe qui peut contenir jusqu'à 80 % d'eau. Par ce biais, la vache trouve effectivement 64 litres d'eau par jour dans son alimentation courante, en outre, dans chaque pâturage, un point d'eau va lui permettre de boire, mais la quasi-totalité de ce qui est ainsi consommé est

* L'eau dite « utile » est celle qui est provisoirement détournée de son cycle naturel.

** Le mot « il faut » est très vague… Où passe cette eau, *in fine* ? On retrouve l'éternelle confusion entre utilisation (il « faut ») et consommation (« on détruit »). Où passe toute l'eau qu'il « faut » ?

produit immédiatement et sur place – dans le milieu naturel.

L'eau de pluie qui avait servi à la pousse de l'herbe est certes passée par l'animal, mais elle revient dans le pré – par les urines et les déjections. Le pourcentage d'eau de pluie qu'on retrouve dans les rivières est inchangé, qu'il y ait des vaches ou qu'il n'y en ait pas. Pour l'élevage laitier, le chiffre de l'INRA à retenir est de 50 litres d'eau utile, mais il comprend l'eau de nettoyage des étables et du lavage du système de traite. Cette eau, comme les autres, retourne au milieu naturel.

Pour les pays plus secs, notamment ceux de la bande sahélienne où la pluviométrie varie de 100 à 500 millimètres par an et est concentrée sur la courte saison de juin à septembre, n'y a-t-il pas alors concurrence entre l'homme et l'animal ? C'est l'eau d'un forage, d'une source, ou d'une oasis qui va abreuver ces ruminants extensifs : bovins mais aussi ovins, caprins, chameaux… Les gros ruminants boivent jusqu'à 50 litres d'eau par jour, les petits ruminants une dizaine de litres. Eux aussi vont rendre au milieu naturel 100 % de l'eau bue ici ou là. Les urines pourront faire repousser l'herbe par endroits en apportant un peu d'azote (l'urée). Une partie de cette eau pourra s'infiltrer, mais il est exact que l'essentiel va s'évaporer.

Toutefois, il n'y a, en la matière, aucune concurrence entre l'homme et l'animal, bien au contraire, car l'animal permet à l'homme de vivre dans ces écosystèmes fragiles : l'élevage optimise l'usage de la ressource en eau. La viande, le lait, voire le sang de ces animaux permettent aux hommes de se nourrir toute l'année et de traverser la saison sèche. Là encore l'élevage valorise une eau de pluie rare et irrégulièrement répartie. En quelque sorte, ces animaux sont des réservoirs sur pied.

Enfin, si la *water footprint* (l'empreinte hydrique) avait un quelconque fondement, il faudrait aussi s'intéresser aux ruminants sauvages, dont l'empreinte serait alors calamiteuse. Dans les plaines des pays tempérés vivent les cervidés grands ou petits : cerfs, chevreuils, daims ; en montagne, chamois, isards, mouflons et bouquetins. Dans les savanes tropicales pâturent les millions de gnous, antilopes, gazelles, élans, buffles, girafes – qui sont des ruminants elles aussi. En remontant vers le nord, on doit ajouter d'autres ruminants : bisons, caribous, élans, orignaux, rennes, bœufs musqués et, pour faire bonne mesure, les yaks tibétains et les chameaux des steppes asiatiques. Va-t-on les éliminer parce qu'il leur « faudrait » de 1 000 litres à plus de 10 000 litres d'eau pour « produire » un kilo de ces proies futures qui ne servent qu'à alimenter lions, chacals, tigres, cougars et autres carnivores, quand ils ne finissent pas dans le bec des vautours ?…

Que dissimulent ces concepts apparemment rigoureux, mais insensés ? Il n'est pas étonnant que l'attaque porte sur les ruminants car eux seuls (avec les escargots…) valorisent une matière organique très abondante, la cellulose, mais qui serait totalement inexploitable par l'homme. Enfin, est-il nécessaire de souligner qu'il ne s'agit pas que de viande, mais aussi de lait et donc de fromage, de yaourt, de crème fraîche, de beurre ?

Combien de jeunes urbains savent que, pour trouver le lait de leurs céréales matinales, quelque part, pour eux, une vache a donné naissance à un veau et que sa mère a pu le nourrir car elle a brouté et ruminé de l'herbe, tout en détournant provisoirement des mètres cubes d'eau ? Quant aux 700 grammes d'eau de notre kilo de viande, eux aussi, en passant par nous, ils retourneront d'une façon ou d'une autre dans la nature, ils n'auront pas été « consommés » !

Les riches pays du Nord ne « volent » pas l'eau des pays du Sud, mais cette forme de culpabilisation semble séduire[7] ; de surcroît elle dissimule vraisemblablement un thème d'une autre nature : celui du transport aérien quand, de pays lointains, sont envoyés en Europe ou aux États-Unis des produits frais : légumes, fruits et fleurs.

En revanche, dans les pays du Sud, il est un enjeu majeur des décennies à venir dont on parle finalement assez peu : l'accès à l'eau potable et l'évacuation des eaux usées. Un milliard de Terriens n'y ont pas encore accès et trop de villes ont été construites sans égouts et sans traitement des ordures. Il y a là un manque criant d'investissements en forages, barrages, stations de traitements, réseaux de distribution, etc. C'est la pauvreté et le sous-développement qui créent le manque d'eau potable, y compris dans des pays très humides.

Ce milliard de Terriens boit tous les jours, bien évidemment, mais c'est une eau souillée. Ce sont les capacités de purification qui manquent, pas l'eau !

9

Controverse autour des plages bretonnes

En écologie, comme dans toute discipline, perdurent parfois des controverses savantes. Force est de constater que les algues vertes font partie de ce type de débat.

En bord de mer se manifeste parfois un phénomène connu jusque-là dans les eaux douces stagnantes et notamment les étangs, qui porte un nom barbare : l'eutrophisation. Il apparaît quand, à la fin du printemps, l'étang se couvre de vert. Les végétaux et le plancton se sont progressivement étendus sur sa surface et, pour y parvenir, ont absorbé une quantité de plus en plus importante d'oxygène dissous dans l'eau. Asphyxiés, les poissons meurent et leurs cadavres remontent à la surface. Fréquente en été quand le soleil apporte chaleur et lumière, cette prolifération n'est possible que parce qu'il y a eu aussi un apport d'azote et de phosphore dans l'eau, deux des trois éléments minéraux qui sont essentiels à toute vie végétale*.

Si ces milieux se sont transformés c'est parce que certaines

* Le troisième est le potassium.

espèces composant l'écosystème ont été trop bien nourries*. La question est alors de savoir d'où viennent ces excès : des agriculteurs qui ont épandu des engrais azotés et des phosphates dans leurs champs ? des urbains dont les excréments sont riches en azote et qui par ailleurs utilisent des produits ménagers, riches en phosphate ? ou encore d'une éventuelle autre origine (industrie, pollution atmosphérique…) ? Autrement dit : quelle est la cause et où faut-il agir ? Sur quoi faut-il peser pour combattre cette dégradation de l'écosystème ? Qui est responsable, voire coupable ?

Avant d'exposer la controverse en cours, rappelons un principe de base d'agronomie édicté par Liebig, grand chimiste allemand de la première moitié du XIXe siècle. Il montra que trois éléments – l'azote (N), le phosphore (P) et le potassium (K) – sont chacun indispensables à la pousse de toute plante aquatique ou terrestre et que donc, si l'on veut agir sur la croissance d'un végétal, il suffit de limiter la présence de l'un des trois éléments pour que la croissance s'arrête.

Si donc les algues vertes prolifèrent, d'où vient leur apport en N, P et K ? Quel est le facteur responsable de ce déséquilibre ? Pour la Bretagne, le premier coupable a été le développement de l'élevage intensif hors sol et des déjections animales riches en nitrates « polluants », N donc. La capacité

* Les racines grecques d'« eutrophisation » sont *eu* (« bien ») et *trophein* (« nourrir »).

d'absorption des sols aurait été dépassée par l'importance de ces déjections qui pollueraient les nappes et les rivières. Bref, la « saturation » due aux élevages serait responsable des désordres environnementaux. D'où la condamnation de ces élevages intensifs par de nombreuses associations écologistes. Ceci a conduit la collectivité nationale et l'Union européenne à mener une coûteuse politique pour résorber ces supposés excédents de nitrate afin – but louable – de retrouver une meilleure qualité des eaux.

Pour considérer les améliorations possibles de la situation agricole et environnementale en Bretagne ou ailleurs, il est nécessaire d'en revenir aux faits. Ainsi, selon la méthode de calcul proposée par deux chercheurs de l'INRA, Giovanni et Dulphy[1], portant sur les rejets et les pressions d'azote et de phosphore des troupeaux bovins, on trouve que les apports d'azote par les déjections animales des trois élevages intensifs (bovins, porcins, volailles) sont tous inférieurs en Bretagne aux besoins des cultures*. Ceci explique qu'en Bretagne aussi on continue d'acheter et d'épandre des engrais azotés, car le fumier des bovins et le lisier de porc ne suffisent pas pour assurer de bons rendements.

Revenons à la controverse environnementale. Réduire un éventuel excès d'azote constitue le pivot de la politique

* 138 kilos par hectare contre 240 kilos requis.

menée jusqu'à ce jour. Mais, selon les travaux de Guy Barroin, de l'INRA[2], les nitrates ne seraient pas à l'origine de la prolifération des plantes aquatiques : le coupable, ce serait l'azote atmosphérique. La cause réelle serait donc le phosphore. Mais Barroin a travaillé sur les lacs et la question se pose de savoir si ses travaux, incontestés en eau douce, peuvent servir de référence en milieu marin.

Selon la mission d'expertise interministérielle, « le rôle prédominant des apports d'azote distingue nettement les milieux côtiers bretons des milieux lacustres, pour lesquels le phosphore était clairement déterminant dans les années 1970, de l'eutrophisation des lacs alpins en particulier[3] ».

Ces arguments ne convainquent pas le président de l'ISTES (Institut scientifique et technique de l'environnement et de la santé), Christian Buson. Il pense en effet que le facteur de maîtrise est le phosphore et seulement lui[4]. Il existe, dans tous les milieux, des espèces de bactéries fixatrices d'azote, d'où l'abondance de cet élément dans l'eau et les sols. En revanche il n'y a pas de phosphore dans l'air et, bien entendu, pas de bactéries fixatrices de phosphore dans l'eau… Réduire l'azote dans l'eau ne servirait alors pas à grand-chose quand il est puisé dans l'air par les bactéries !

Pour d'autres, la controverse serait close et « la discussion peut désormais se concentrer sur la décision publique, l'efficacité des plans de lutte mis en place et le rôle que doivent jouer certains des acteurs[5] ». Mais les algues vertes échouent encore sur les plages bretonnes.

10

Icônes vertes

Une des évidences de l'écologie politique est que les cultures bio sont incontestablement plus protectrices de l'environnement et doivent donc être promues.

Parenthèse : si nous remettons en cause certaines affirmations simplistes du mouvement écologiste, il ne faut pas en conclure que nous n'avons pas de sympathie pour les nombreuses initiatives d'agriculteurs qui cultivent des variétés anciennes, fournissent des produits frais et de saison à un marché local et s'efforcent de limiter l'apport d'engrais et de produits phytosanitaires. Non seulement leurs produits, quand ils viennent d'être récoltés, sont bons, mais ils participent à la vie de territoires en voie de désertification. Toutefois, il ne s'ensuit pas qu'ils participent par essence, toujours, à la protection globale de la nature.

En 2020, en France, l'agriculture biologique représente moins d'un million d'hectares soit environ 2 % du territoire national et 5 % de ses terres arables. Son impact écologique est différent si l'on raisonne à l'hectare, ou par unité produite, comme, par exemple, la tonne de céréales ou 1 000 litres de lait. La raison est aussi simple qu'essentielle : comme les rendements de l'agriculture biologique sont inférieurs de 30 % à 50 % aux rendements de l'agriculture conventionnelle, l'agriculture biologique nécessite plus de surfaces pour une production donnée et donc plus de terrains défrichés ; or les impacts environnementaux sont proportionnels aux surfaces concernées.

Pour la prestigieuse revue *Nature*, le constat est sans ambiguïté : l'avantage va clairement à l'agriculture raisonnée (veillant à un équilibre entre la productivité et le respect de l'environnement), pas à l'agriculture biologique[1]. Un des auteurs de l'article, Patrice Dumas, chercheur au Centre international de recherche sur l'environnement et le développement (CIRED), rappelle l'évidente simplicité de la question : « Le cœur du problème est la quantité de terres utilisées. Pour répondre à la demande, une production 100 % biologique demanderait plus de terres et entraînerait une plus grande déforestation. Le CO_2 stocké dans les forêts serait alors libéré dans les airs. » *Le Figaro* s'en était notamment fait l'écho en 2018[2].

Pour ce qui est de la biodiversité présente dans une exploitation agricole, elle va aussi dépendre des haies et des bosquets et pas seulement des champs cultivés. Si l'agriculture biologique permet de mieux partager un même espace avec d'autres espèces, le meilleur rendement de l'agriculture traditionnelle permet d'épargner des espaces pour les plantes et animaux sauvages. Tout va donc dépendre de la manière de mesurer la biodiversité : par hectare (avantage agriculture biologique) ou par exploitation (match nul entre agriculture biologique et agriculture traditionnelle). L'avantage va cependant le plus souvent à l'agriculture biologique puisqu'il n'y a pas partout des haies, le bilan dépendra alors surtout des insecticides utilisés. Mais le nœud du raisonnement sera toujours de savoir si la biodiversité est plus grande sur une parcelle ou sur l'exploitation, puis de calculer si la biodiversité par hectare est plus grande avec une agriculture plus ou moins productive[3].

Pour ce qui est des labours, de nouveau l'avantage va clairement à l'agriculture conventionnelle. Les champs ont alors toute l'année un couvert végétal et la nouvelle culture sera semée après l'épandage d'un herbicide pour éliminer ce couvert des mois d'hiver et planter les graines de la culture au début du printemps, sans labour donc. Ceci réduit la consommation d'énergie (environ 80 litres de fuel par hectare) et favorise la vie du sol et notamment la prolifération des vers de terre.

Quant aux semences, elles sont essentielles dans les deux cas, mais plus encore en agriculture biologique, car l'agriculteur n'aura pas à sa disposition autant de produits phytosanitaires. Les semences devront être en bonne santé et beaucoup de travaux de recherche portent sur la sélection de variétés résistantes. Quant aux variétés OGM, les plus prometteuses pour limiter l'usage d'engrais et de produits phytosanitaires, pour l'instant la réglementation française interdit leur usage en bio comme en conventionnel. Cela ne durera pas des décennies, car une des qualités des OGM est d'éviter d'épandre certains produits phytosanitaires. En effet, la plante génétiquement modifiée aura été conçue pour résister au pire (virus, bactérie, champignon, chenille, puceron...). Il est vraisemblable cependant que l'agriculture biologique, pour des raisons commerciales, s'en privera plus longtemps que l'agriculture traditionnelle.

Si l'agriculture biologique interdit l'épandage des nitrates de synthèse et les remplace par du fumier, l'intérêt des engrais organiques[4] riches en nitrates va dépendre de la nature du sol : leur bienfait sera donc réel ici, peu utile là (avantage, dans certains cas, à l'agriculture biologique, donc). Quant aux sels minéraux de phosphore et de potassium, les autres engrais épandus dans les champs, ils sont présents partout dans la nature, mais en quantité variable. Il faudra donc dans les deux cas remplacer ces sels après une récolte, car elle les aura exportés hors du champ, vers le marché local ou mondial.

Il est malheureusement nécessaire ici d'enfoncer une porte ouverte tant cette évidence semble échapper aux urbains : toute plante a puisé dans le sol des sels minéraux qu'il faut reconstituer pour la récolte suivante. Ces atomes sont des constituants naturels de l'écorce terrestre, ils sont tous chimiques, qu'ils se trouvent dans le sol ou qu'ils soient épandus par l'agriculteur. « Chimique » n'est pas un qualificatif péjoratif, tout organisme est chimique et le produit bio l'est tout autant que le produit de l'agriculture raisonnée !

Pour ce qui est de l'humidité du sol, l'enrichissement en humus l'améliore. L'agriculture biologique le fait systématiquement, mais l'agriculture conventionnelle enfouit aussi les résidus de récoltes (pailles, feuilles, racines, etc.). Ses hauts rendements ne sont pas incompatibles avec de bonnes teneurs en humus et donc une bonne stabilité structurale et un bon stockage de l'eau. Tout agriculteur préserve et améliore la qualité de son sol, compte tenu de son environnement et des cultures qu'il a choisi de privilégier. Les « bonnes » terres agricoles, bio ou non, atteignent souvent des prix de 10 000 euros par hectare… C'est le meilleur des placements fonciers.

Quant aux produits phytosanitaires et aux désherbants, qualifiés par les écologistes de « pesticides », tout agriculteur en utilise, mais ce ne sont pas les mêmes s'il est en bio ou en raisonné. Le cahier des charges de l'agriculture biologique autorise les sels de cuivre (non biodégradables) et certains insecticides issus des plantes. La gamme est beaucoup plus riche en agriculture conventionnelle. Se pose alors la question des éventuels dangers de ces produits pour l'écosystème, voire pour le consommateur. Les molécules à vitesses de dégradation lentes, susceptibles de s'accumuler chez certains animaux sont interdites, et les doses épandues sont aujourd'hui très faibles : dans certains cas, 30 grammes par hectare ! En admettant que les 30 grammes de produit actif se retrouvent entièrement dans le sol, le taux de dilution va être considérable. Sur vingt centimètres, la masse concernée est de 3 000 tonnes. Les 30 grammes de produit insecticide ou fongicide qui « pollueraient » le sol représentent donc 10 millièmes de milligramme par kilo, soit 10 parties par milliard pour le sol ; il ne s'agit pas de la plante, ni de ses graines. En outre, les molécules de la chimie organique sont toutes biodégradables et c'est la vitesse de dégradation qui va jouer le rôle principal pour la bonne qualité de l'environnement. C'est justement une des qualités notables du glyphosate : on peut ressemer quinze jours après son emploi sur une parcelle. C'est pourquoi il est rare qu'on le trouve dans les eaux sous sa forme dégradée*. D'une manière générale, les sols, tous poreux, sont des milieux très favorables à la fixation des molécules organiques qui sont progressivement « digérées » par les micro-organismes des sols, en présence d'eau et d'oxygène.

Selon le rapport de 2016 de l'organisme suédois Svenska Livsmedelsverket[5] – l'équivalent de la direction de l'alimentation en France –, si l'agriculture bio prétend être toujours meilleure que l'agriculture traditionnelle en matière de protection de l'environnement, ce n'est le cas que pour 14 des 53 critères étudiés. Dans le même nombre de cas, l'avantage va à l'agriculture conventionnelle et pour les 25 autres critères, les deux agricultures se valent. Cette étude analyse

* L'acide aminométhylphosphonique (AMPA).

l'une après l'autre les principales productions agricoles (lait, œufs, volailles, bœuf, viande, céréales, fruits, légumes) et leur impact sur six critères : le climat, l'utilisation de l'espace, l'acidification des sols, l'écotoxicité, l'utilisation d'énergie et la fertilisation.

L'agriculture bio ne fait pas mieux de ce point de vue-là, pas pire non plus, mais « autrement », sachant qu'en définitive, c'est la manière de compter qui fait pencher la balance d'un côté ou de l'autre. Cette étude suédoise nous semble équilibrée. Il n'y a pas d'avantage significatif systématique qui irait en la matière au bio si l'on s'intéresse au cycle de vie des écosystèmes agricoles[6].

Donc, globalement, match nul !

11

« Manger bio protège notre métabolisme ! »

Chez tout être humain, de tout temps, les peurs alimentaires ont été viscéralement enracinées. Au XIXe siècle, avec les migrations vers les villes et la vente de denrées dont on connaissait mal l'origine et l'état de conservation, se sont produits de nombreux scandales. Depuis cette époque, la puissance publique a construit un système de contrôle pour éviter que soit mis sur le marché un aliment toxique, qu'il soit avarié ou qu'il contienne des traces de substances dangereuses pour la santé, indétectables à l'œil, à l'odorat ou au goût.

Avec le temps, la peur s'est déplacée. On ne craint plus l'infection mais les cancers et autres maladies dégénératives qui seraient causées par des traces infimes de substances vite qualifiées de « chimiques » ou, plus précisément, de « pesticides[1] » : un ensemble très vaste car on ne sait pas s'il agit d'herbicide, de produit phytosanitaire, voire d'engrais.

Toute agriculture, qu'elle soit bio, raisonnée ou intensive, utilise des substances qui combattent les maladies des plantes. Il y a des insectes, des champignons, des vers, des bactéries, des virus, et autres plantes parasites (ou « saprophytes ») qui attaquent les plantes, nuisent à leur croissance et menacent la récolte future. Remarquons d'ailleurs que les agriculteurs ne sont pas les seuls à utiliser des pesticides. Les femmes et hommes du monde entier qui s'enduisent de crèmes antimoustiques, ou les parents qui cherchent à éradiquer les poux de la tête de leurs enfants le font également.

Un pesticide est une substance naturelle ou de synthèse utilisée contre d'autres organismes considérés, dans une circonstance précise, comme nuisibles. Un pesticide est donc bien un poison ciblé et son usage conduit à s'interroger sur sa toxicité éventuelle au-delà de la cible qu'il cherche à détruire, notamment pour les êtres humains, mais aussi pour d'autres espèces, les abeilles par exemple.

Il n'y a pas d'agronomie sans pesticide, pas plus qu'il n'y a de médecine sans médicament. Dans les deux cas, le raisonnement qui conduit à l'épandage d'une substance est le même que celui qui va mener à l'administration d'une prescription : à partir de l'analyse des bienfaits du produit et de sa toxicité à différentes doses, pour différentes cibles, quelle est son efficacité relative par rapport aux autres produits existants et, bien entendu, au choix de ne pas traiter ou de ne pas soigner ? La toxicité seule ne permet pas de prendre une décision : il faut toujours balancer les risques encourus et les bénéfices attendus. Ainsi en cancérologie, on prescrit malgré leur indéniable dangerosité des substances très toxiques car, dans certains cas, elles valent mieux que l'absence de traitement. C'est bien la chimiothérapie qui guérit. Pour les pesticides c'est pareil, même si, bien entendu, le niveau de toxicité toléré est infiniment plus bas. Personne n'a envie de mourir pour une salade, même de belle apparence.

Pour les écologistes politiques et par extension pour les défenseurs du bio, la nature serait simple : d'un côté le « chimique* », c'est-à-dire, pour eux, le mal ; et de l'autre le « naturel », autrement dit, le bien ! Mais la nature n'est ni simple ni manichéenne.

Des bactéries et des champignons produisent des antibiotiques pour tuer leurs prédateurs. Quant aux plantes, la sélection naturelle a privilégié celles qui pouvaient se défendre de leurs ennemis naturels en fabriquant des pesticides : le plus souvent des tannins[2]. Si le tabac a « inventé » la nicotine, ce n'était pas pour tuer les *Homo sapiens* hédonistes mais parce que la nicotine est un des insecticides les plus puissants et protège donc les plants de tabac. Elle fut d'ailleurs massivement utilisée par les agriculteurs et les jardiniers au début du XXe siècle.

De même, pendant des millénaires, la pharmacopée a essentiellement utilisé des extraits de plantes. De très nombreuses espèces de notre flore sont « officinales » et leur nom en latin en porte la marque comme, par exemple, la *Primula officinalis* (primevère officinale). La digitaline a été extraite de la digitale et les pyréthrinoïdes du pyrèthre ; quant au neem,

---

* L'adjectif « chimique » désigne le plus souvent des produits de synthèse.

ou argousier (*Azadirachta indica*), il contient un insecticide puissant utilisé en Inde et en Afrique. Mais il ne s'agit pas de quelques plantes exceptionnelles. Presque toutes les plantes, y compris celles qui nous sont familières et entrent dans notre cuisine traditionnelle, fabriquent des pesticides « naturels ». Ainsi, Bruce Ames, dès les années 1990, a constaté que 99,99 % des pesticides que nous ingérons dans notre alimentation sont produits par les plantes elles-mêmes[3] !

Chaque plante synthétise quelques douzaines de toxines, dont certaines (à une dose suffisamment élevée) sont toxiques pour l'homme ; le chou va même jusqu'à produire 49 pesticides ! Ainsi, Ames estime que « les Américains ingèrent environ 1,5 gramme de pesticides naturels par personne et par jour, soit environ 10 000 fois plus que les résidus de pesticides de synthèse ». Et pour enfoncer le clou, il calcule aussi que nous consommons chaque jour entre 5 000 et 10 000 pesticides naturels différents, dont beaucoup, à certaines doses, provoquent des cancers lors d'essais sur des animaux de laboratoire. Toujours selon Bruce Ames, on trouve des substances cancérigènes ou toxiques pour les rongeurs dans les aliments suivants, classés par ordre alphabétique : abricot, ananas, aneth, anis, aubergine, banane, basilic, brocoli, cacao, café, cannelle, carotte, champignons, chou, chou de Bruxelles, chou-fleur, chou frisé, chou vert, etc. La liste est longue !

Mais les toxines de ces aliments ne sont pas dangereuses pour l'homme : le niveau journalier de consommation de chacune d'entre elles dépassant rarement le millionième de gramme. L'enjeu est donc de savoir à quelle dose un produit peut être toxique.

Pour fixer les normes de tolérance des molécules de synthèse, on cherche à établir une relation entre une dose et la réponse de l'animal (le plus souvent un rongeur) sur lequel la molécule est testée. Une fois trouvée, par précaution, on divise toujours cette dose biologique par un facteur d'au moins cent et souvent par plus de mille pour déterminer la dose bureaucratique : la dose limite autorisée. Si bien que, sauf exception, il ne faut pas s'inquiéter quand des traces dépassent les limites légales, car elles demeurent le plus souvent très en dessous du seuil de toxicité.

En 2014, l'EFSA* résume son analyse portant sur les résidus de pesticides dans les aliments en indiquant que « 97 % des échantillons d'aliments prélevés dans l'Union européenne sont exempts de résidus de pesticides ou contiennent des traces qui se situent dans les limites autorisées ». L'étude portait sur près de 83 000 échantillons de denrées alimentaires provenant des vingt-huit États membres de l'UE.

Parmi les échantillons provenant de pays de l'UE, seuls 1,6 % contenaient des résidus dépassant les limites autorisées. Le chiffre correspondant pour les échantillons en provenance des pays tiers était de 6,5 %.

98,8 % des produits bio étaient exempts de résidus ou contenaient des résidus dans les limites autorisées. Donc guère mieux que les produits non bio, issus de l'agriculture

* European Food Security Agency (Agence européenne pour la sécurité des aliments), basée à Parme, en Italie.

conventionnelle (taux de 97 % soit un différentiel de 1,8 %). D'autant que dans les deux cas, les toxines naturelles sont ignorées. En clair, que l'agriculteur utilise ou non des pesticides, les aliments qu'il produit ne se différencient pas en termes de présence ou d'absence de résidus de pesticides.

Connaissant bien ce sujet, j'ai été surpris d'entendre affirmer au cours de l'émission « Cash investigation » du 2 février 2016, diffusée sur la chaîne publique France 2, intitulée « Produits chimiques : nos enfants en danger », que « 97 % des denrées alimentaires contiennent des résidus de pesticides », en se référant à ce même rapport de l'EFSA de 2014. Et, pour faire bonne mesure, il était également indiqué que « les 3 % restants correspondent au bio ou aux aliments à très faible teneur en pesticides ». Le rapport de l'EFSA indique le contraire ! Il dit bien que les 97 % en question sont « dans les limites légales », c'est-à-dire que l'on ne détecte aucun résidu ou des résidus à un taux inférieur aux normes. Quant aux 3 % restants, contrairement aux propos de Martin Boudot, le journaliste qui a conduit l'enquête, ce sont ceux qui dépassent les seuils réglementaires et n'ont rien de particulièrement bio.

Pour être bienveillant, on se limitera à citer *Le Loup et le Renard* de Jean de La Fontaine : « Et chacun croit fort aisément / Et ce qu'il craint et ce qu'il désire ».

À ce stade donc, personne n'a démontré que l'usage des pesticides dans l'agriculture moderne faisait courir un risque à la population.

12

Le grand danger de la viande rouge !

Une bonne nouvelle d'abord : 91 % des Français ont confiance dans la science et dans les chercheurs[1]. Il importe de préserver ce précieux capital quand, sur Internet, une jungle d'informations foisonne, avec une multitude de sources contradictoires.

Outre le fait qu'il est regrettable de diffuser de fausses informations, cela risque d'entraîner de graves conséquences ; or certaines de ces déclarations infondées peuvent structurer l'opinion et induire des effets tangibles quand les politiques s'en emparent et élaborent des réglementations littéralement insensées.

Ainsi, le président de la Ligue nationale contre le cancer, puissante et ancienne (créée en 1918) association de patients, déclare au journal de 13 heures de France 2, le mercredi 20 novembre 2019, que les nitrites entraînent directement 3 000 morts en France[2]. À l'instar de la calomnie du *Barbier de Séville*, ce chiffre gonfle et dans la soirée du même jour, sur un autre média, il passe à 4 000. Il s'agissait alors de lancer la journée mondiale contre le cancer* et de faire signer une pétition. La Ligue nationale contre le cancer, l'ONG Foodwatch et l'application mobile Yuka, qui en étaient à l'origine, souhaitaient en effet recueillir des signatures pour interdire l'ajout de nitrites (un excellent conservateur) dans les produits alimentaires et notamment dans la charcuterie. Le 22 décembre 2019, *Le Journal du dimanche* montre une photo d'une tranche appétissante d'un jambon bien rose sur une assiette blanche et titre : « Le jambon tue ». Ce même journal, le 2 février 2020, rapporte que 27 maires et candidats aux municipales s'engagent à offrir dans leur commune des cantines sans nitrites. Les conséquences deviennent tangibles. La pétition à l'origine de cette campagne s'appuie sur deux types de données, les unes biochimiques, les autres épidémiologiques.

Selon Denis Corpet, professeur émérite à l'école vétérinaire de Toulouse, l'ajout de nitrites dans le saucisson pour le conserver et lui donner du goût, comme l'ajout des nitrates lors de la préparation des jambons commercialisés sous forme de tranches prédécoupées, et vendues sous plastique transparent afin de les conserver et de leur donner une couleur bien appétissante, produirait des substances cancérogènes[3]. Ces produits seraient un danger potentiel. Toutefois, Denis Corpet reconnaît que si le Centre international de recherche sur le cancer (CIRC) considère qu'il y a un danger potentiel, « le groupe de travail CIRC/OMS n'a pas

* Je me suis toujours demandé qui pouvait être pour…

fait d'estimation du risque ». Il semble ignorer que depuis longtemps, s'appuyant sur des travaux internationaux portant sur des milliers de cas, l'Autorité européenne de sécurité des aliments (EFSA) avait évalué ce risque et écrivait en juin 2017 que les additifs nitrités étaient sans danger pour les consommateurs aux doses journalières habituelles, même en tenant compte de la transformation des nitrates en nitrites dans la salive[4]. Comme en matière de pollution par les moteurs Diesel, le CIRC a signalé un danger potentiel et, pour beaucoup, ce danger est devenu un risque, qui pourtant n'est pas avéré.

Tout aussi intéressante, et fausse, est l'étude épidémiologique qui conduirait aux 4 000 morts. Suivons Denis Corpet, qui indique que « si le risque d'avoir un cancer colorectal au cours de sa vie est de 1 sur 20 pour monsieur-tout-le-monde, il serait donc de 1,2 sur 20 pour un consommateur très carnivore ». Remarquons en passant qu'il ne parle plus ni de jambon ni même de charcuterie, mais de « consommateur très carnivore », concept englobant, vague et peu précis.

Soulignons surtout, comme nous allons le montrer, que cela ne veut pas dire que 20 % des personnes qui meurent de cancer colorectal sont des gros mangeurs de viande ou de charcuterie même si leur risque relatif est de 1,2 ou plus exactement de 1,18 selon les travaux de Denis Corpet. Selon Santé publique France (juin 2019), les décès dus à un cancer colorectal étaient en France de 17 117 en 2018. Ainsi, 20 % de ces décès, le cinquième de ce chiffre, représente donc 3 423, chiffre effectivement compris entre 3 000 et 4 000, mais il ne s'ensuit pas que ces décès sont dus à la surconsommation de viande. Denis Corpet fait là une erreur de raisonnement. Elle est classique, mais inhabituelle chez un scientifique.

En reprenant les calculs avec un risque relatif de 1,18 on peut estimer le nombre de décès dus à la consommation excessive de viande à 595[5], soit environ un millième du nombre de décès en France en 2018, à supposer que le risque des « très carnivores » ne soit pas associé à d'autres facteurs*.

Mais ce n'est pas tout : nous avons noté au passage comment, faute d'arguments rigoureux, pour donner une apparence de démonstration, on mélangeait la fabrication de nitrosamines dans la salive, l'adjonction de nitrates et de nitrites dans la charcuterie, la consommation de viande rouge, celle de charcuteries qui est devenue dans la presse le seul jambon (viande maigre) et comment l'on tentait, au prix de quelques acrobaties, de les associer aux décès de cette terrible maladie qu'est le cancer du côlon.

Il est vrai que la Ligue nationale contre le cancer n'est pas une société savante, pas non plus une agence de régulation, mais une association. On peut en outre se demander pourquoi elle a donné à cette occasion son crédit à une société commerciale, Yuka, dont l'expertise en santé publique est moins notoire que ses intérêts à vendre de la publicité.

Dépassée par sa mission, la Ligue ignore les grands

* On compte en France, en 2018, 614 000 morts, toutes causes confondues.

bienfaits de l'oxyde nitrique[6] : cette molécule essentielle est non seulement un puissant bactéricide, mais aussi un régulateur de la circulation sanguine, un protecteur des maladies cardiovasculaires et un facteur d'amélioration de l'endurance et des performances sportives. Pourquoi ne pense-t-on jamais en termes de rapport risques/bénéfices, si noble que soit la lutte contre le cancer ?

Terminons par la science, la vraie, qui montre qu'à partir des mêmes publications les recommandations en matière de charcuterie et de viande varient. Les recherches publiées aujourd'hui sont méthodologiquement critiquables et les liens si ténus que, l'année passée, 14 personnes, dont trois représentants d'usagers, ne présentant aucun conflit d'intérêts avec l'industrie de la viande, ont proposé dans une des plus prestigieuses revues médicales que « les adultes continuent de manger leur niveau actuel de viande rouge [...] à moins qu'ils n'aient eux-mêmes envie de changer[7] ».

« N'ayez pas peur ! » proclamait le pape Jean-Paul II. Beau programme.

13

Consommateur éclairé recherche nourriture équilibrée

La cuisine est un des ciments de la société française. Si, autour de la machine à café, la conversation se porte sur le gigot de sept heures ou la tarte Tatin, chacun évoquera avec passion les grandes lignes de sa recette et ceci quel que soit le milieu social. Des concours de cuisine sont diffusés sur les chaînes de télévision aux heures de grande écoute. La pâtisserie se vend bien, comme les produits de luxe, et les grands chefs sont plus que jamais des stars médiatiques. L'excellence française est, dans ce domaine, mondialement reconnue.

La continuité des habitudes alimentaires n'est toutefois qu'apparente car cuisiner prend du temps et devient une occupation de week-end. On ne déjeune plus en semaine à la maison, l'épouse ne prépare plus de « gamelle », d'autres habitudes sont apparues à la cantine ou au restaurant d'entreprise. Le soir, le prêt-à-manger fait la fortune des fabricants de surgelés et des livreurs à domicile. En quelques années, l'offre des marchés forains s'est enrichie de plats cuisinés. Alors que la choucroute et le poulet rôti-pommes de terre ne datent pas d'hier, les marchands de paella ou de potée auvergnate remplacent aujourd'hui les étals traditionnels. Quant aux supermarchés, outre les conserves et les plats surgelés, on y trouve des fruits prédécoupés, des salades, des entrées froides, des gâteaux… si bien qu'il suffit de sortir ces mets de leur emballage avant de passer à table.

À Paris, 25 % des habitants ne préparent plus jamais de repas et, en toute logique, des appartements sans cuisine se vendent. Quant aux plus aisés, s'ils aménagent des cuisines luxueuses, ils ne se servent quotidiennement que du congélateur et du four à micro-ondes. Le rythme des repas change. On mange à toute heure : les fast-foods servaient déjà en continu, c'est désormais aussi le cas des restaurants traditionnels des quartiers touristiques.

La diversité de l'offre se manifeste aussi par le choix du type de cuisine : chinoise, japonaise, italienne, grecque, turque, marocaine, basque, bretonne, corse, lyonnaise, alsacienne… sans parler des plats végétariens, voire végans, avec ou sans gluten !

Ces choix multiples bouleversent l'industrie agroalimentaire et l'organisation de sa chaîne de distribution. Il n'y a plus deux ou trois types de consommateurs, mais des dizaines, et quelques tendances fortes : les boucheries ferment, les poissonneries se font rares et les Français passent à table comme s'ils entraient dans une pharmacie en demandant le taux d'antioxydant d'un fruit, ou le pourcentage d'oméga-3 d'une huile végétale ! Les applications pour téléphone portable (Yuka, Kwalito, Open Food Facts, Foodvisor…) se multiplient et précisent le contenu nutritionnel de ce qui a été acheté, il suffit de scanner le code-barres de l'étiquette. Le site Internet « Les fruits et légumes frais » rappelle qu'il y a des saisons et que les fruits et les légumes ne viennent pas à maturité tout au long de l'année en culture de plein champ ! « Alim'confiance » permet de consulter les résultats des contrôles officiels réalisés en matière de sécurité sanitaire des aliments et se base sur les informations fournies notamment par l'inspection des fraudes. Enfin, il ne faut pas oublier Nutri-Score qui, par un code couleur allant du A (vert) au E (rouge), indique, nous dit-on, « la qualité nutritionnelle d'un aliment ». Le moins que l'on puisse dire, c'est que l'on tente d'informer les Français qui ont aussi en tête les messages du ministère de la Santé rappelant qu'il faut manger cinq fruits et légumes par jour, éviter de grignoter, de manger trop gras, trop salé, trop sucré et faire de l'exercice physique.

Toutefois, si l'obésité ne croît plus guère en France (+ 0,5 % en 2018), elle s'est stabilisée à un niveau élevé : 17 % de la population française est obèse et 50 % est en surpoids[1]. Quant au diabète, autre signe d'une alimentation inadaptée, 5 % de la population française en est atteint. La prévalence de ces fléaux augmente avec l'âge et frappe davantage les milieux modestes et les personnes les moins éduquées, tout cela est connu.

Ce qui l'est moins, c'est que tout aliment est composé de nutriments. Sur les emballages alimentaires figurent déjà les contenus en glucides, protides, lipides, vitamines, sels minéraux, etc., écrits en caractères minuscules. Mais qui les lit ?

Qui les comprend ? Qui sait comment ils viennent ou non modifier l'apport nutritionnel des autres aliments ?

Si la carence de tel ou tel composant, ou vitamine, ou sel minéral, peut entraîner de graves dérèglements, ces composants n'ont pas d'effet au-dessus d'un certain seuil, le plus souvent très bas. Si la carence en vitamine C cause le scorbut, le lien direct entre une carence d'un nutriment et une maladie est très rare. Mais les carences augmentent de nouveau, hélas, car les régimes végans sont déséquilibrés : les protéines végétales ne produisent pas tous les acides aminés indispensables au bon fonctionnement du corps humain. Prétendre qu'un aliment seul est bénéfique ou dangereux est une imposture. Ce n'est pas cet aliment-ci ou celui-là qui aura un impact sur la santé, mais l'alimentation globale ; c'est-à-dire ce que l'on ingère en moyenne dans la semaine, voire dans le mois et non pas au cours d'une soirée. Le maximum de poids que l'on peut gagner après un repas pantagruélique est 400 grammes, que l'on peut perdre en moins de trois jours, si on le souhaite.

Nous avions, en France, la chance d'avoir des traditions saines : manger à heure fixe, en compagnie, une ration équilibrée (protéines, lipides et glucides) de produits de saison, cuisinés à la maison, dans laquelle les légumes jouaient un rôle important. Et voilà que nous sommes aujourd'hui laissés seuls face à une industrie agroalimentaire redoutable qui, pour vendre ses produits, les surcharge en sucre, graisse et sel, trois éléments qui ne coûtent presque rien. Ceci pour accroître leur appétence, leur conservation et surtout leur poids, et donc baisser leur prix de revient au kilo. Et augmenter les marges…

Les choses se compliquent encore car nous sommes des « mangeurs inégaux[2] ». À l'évidence, la même ration alimentaire n'a pas le même effet sur des personnes de même poids, de même taille et de même âge. Pour expliquer ces inégalités, on pense depuis longtemps à la génétique et depuis peu au microbiote*. En outre, l'effet d'une ration alimentaire va dépendre aussi de la nature et de la quantité d'exercice physique. C'est cette interaction qui au fil des ans, voire des décennies, va conduire à un surpoids et surtout à des facteurs de risque comme l'hypertension. L'obésité n'est pas une maladie, mais elle entraîne un risque accru de voir survenir un accident cardiaque ou une tumeur cancéreuse.

Il apparaît donc que mettre l'accent, comme le fait le Nutri-Score, sur un produit et non pas sur une fonction, sur des habitudes, sur des pratiques sociales – bien entendu contraintes par les revenus, la religion et le milieu – revient à tirer à côté de la cible. Certes le Nutri-Score peut permettre de comparer des pizzas pour choisir la moins salée, la moins grasse, mais il ne dit rien de l'alimentation de la semaine et stigmatise des produits comme, par exemple, le beurre, excellent pour la santé en petite quantité, car il est notamment riche en vitamines A, D et E.

---

* Le microbiote intestinal humain est l'ensemble des micro-organismes présents dans tout le système gastro-intestinal.

Les gens grossissent parce qu'ils mangent et s'ils mangent, c'est… qu'ils aiment manger ! Manger est une nécessité et un plaisir, car nous avons été programmés par la sélection darwinienne pour accumuler des réserves pour les temps de disette, notamment hivernales, et donc stocker dans nos tissus des sucres et des graisses. « C'est grâce au plaisir que nous sommes capables de stocker la nourriture et de survivre dans un environnement que nous ne contrôlons pas[3]. » Et il existe des neurotransmetteurs qui provoquent ce plaisir, non seulement en mangeant, mais en cherchant ce que l'on va ou ce que l'on pourrait manger[4]. Il suffit pour s'en convaincre de se rappeler qu'au cours d'un excellent dîner la conversation se porte sur d'autres repas mémorables ou des projets gastronomiques à venir. Le plaisir est dans l'excès et parfois dans l'interdit. Ainsi, en bon catholique, Anatole France aimait rappeler que l'Église avait beaucoup fait pour l'amour, en en faisant un péché !

Contraindre l'industrie agroalimentaire à dévoiler ses ruses, voire à limiter l'usage qu'elle en fait, semble donc justifié. Bien informer les Français est une condition nécessaire, mais elle est loin d'être suffisante. Pour preuve, tout fumeur connaît les dangers du tabac et chacun sait que les frites sont grasses mais… elles peuvent être si bonnes !

Faire l'apologie du bio est une fausse piste*, comme de jouer sur la peur de produits phytosanitaires qui n'existent

* Les bienfaits sanitaires des produits bio n'ont pas été démontrés.

qu'à l'état de traces infimes et sont, à ces doses, sans danger. En revanche, la désinformation qui s'enracine dans la peur, si elle n'a aucune conséquence sur l'obésité, peut en avoir par exemple sur des mamans de milieu modeste qui peuvent se sentir « mauvaises mères » parce qu'elles n'ont pas les moyens d'offrir des produits onéreux estampillés bio à leurs enfants et les laissent commander des pizzas bas de gamme et contenant trop de sel et de gras. La hantise de manger mal ou trop peut aussi augmenter le risque d'anorexie, une maladie grave chez les adolescents, et plus particulièrement chez les jeunes filles.

Certes, il existe des alimentations plus équilibrées que d'autres, notamment celle à base de poissons, de fruits et légumes et d'huile d'olive ou de colza, mais il est surtout essentiel de ne pas stigmatiser les produits alimentaires en « bons » ou « mauvais ». La recherche en nutrition fut, et pour l'essentiel demeure, l'apanage des agronomes et des vétérinaires. Elle a permis de révolutionner l'élevage et a grandement amélioré la production de viande, de lait et d'œufs. Grâce au même type de connaissances, la pisciculture a réalisé en un quart de siècle des pas de géant, mais la nutrition humaine n'a pas progressé au même rythme.

Pendant de longues années, elle fut le parent pauvre de la recherche médicale. De surcroît, si l'on sait assez bien résoudre les questions de dénutrition des personnes carencées qui veulent bien se nourrir, l'on ne comprend pas encore grand-chose aux effets de l'abondance pendant des décennies. Les médecins nutritionnistes spécialisés s'intéressent aux comportements pathologiques et plus rarement à l'alimentation de la personne saine.

En attendant, l'alimentation constitue un merveilleux terreau pour les charlatans de tout poil ! Reste à chacun le bon sens et notre culture pour résister à ces injonctions permanentes à l'efficacité douteuse. Heureusement, il existe encore, en France, un décalage entre le savoir culturel inconscient et le savoir intellectuel conscient en matière de nutrition. Les Français mangent bien quand ils n'y pensent pas, sinon ils racontent… des salades !

En matière de nutrition, les principes généraux, les conseils universels sont peu nombreux : il faut manger à heure fixe, pas trop, pas trop gras, pas trop salé, pas trop sucré, il faut manger des fruits et légumes et faire l'équivalent d'une demi-heure de marche par jour. Grâce aux travaux de Fischer et Masson[5] on pourrait rajouter : il vaut mieux manger en famille ou avec des amis que seul, alors que la logique des sociétés contemporaines nous incite à devenir, de plus en plus, des mangeurs conscients, compétents, rationnels, mais surtout individualistes… Or le plaisir partagé n'est pas un luxe mais une nécessité pour notre équilibre nutritionnel.

14

Les OGM, un indéniable progrès !

« Quelle que soit la décision, la ligne du gouvernement sera la même : nous ne sommes pas favorables aux OGM[1]... »

Les OGM ne sont pas « mauvais », contrairement à ce que laissait entendre Stéphane Le Foll, alors ministre de l'Agriculture, et à ce qu'affirmait la Fondation pour la nature et l'homme créée par Nicolas Hulot[2]. Bien au contraire, ils sont la voie prometteuse de l'amélioration de l'alimentation humaine et animale, comme de la protection de l'environnement, car ils permettent, notamment, la réduction des labours et de l'épandage d'engrais, comme de pesticides. Ils ouvrent des voies nouvelles pour la sélection de variétés de plantes adaptées au changement climatique ou qui, par exemple, permettent de lutter contre la carence en vitamine A de certaines populations se nourrissant quasi exclusivement de riz.

Pour l'Union européenne, un être génétiquement modifié est un être auquel il a été ajouté par transgénèse un

« gène » provenant d'une autre espèce*. Ce gène, maillon d'un chromosome, comme tous les gènes de tous les êtres vivants (lapins, rats, mais aussi orties, oursins, algue, etc.), n'est qu'une suite de bases azotées (A, C, G, T**), toujours les mêmes quatre bases pour le règne animal comme pour le règne végétal, depuis les origines de la vie. Elles sont simplement arrangées ou codées différemment selon les gènes pour former des mots différents. Pour un agronome, il est incompréhensible d'être, par principe, contre les OGM alors que c'est la technique dont les généticiens ont toujours rêvé pour de multiples raisons. Enfin, il est démontré[3] que la nature utilise aussi la transgénèse, elle est donc « naturelle » et a bien donné naissance, sans intervention humaine, à la patate douce, à l'igname et au bananier. Ces transferts se font grâce à une bactérie commune du sol, aujourd'hui très utilisée en laboratoire. Les virus sont également de puissants agents de transgénèse naturelle.

Comme tout patrimoine génétique, aujourd'hui communément appelé ADN***, ne cesse de muter, chaque être vivant est *de facto* génétiquement modifié de manière aléatoire. Sans ce phénomène, il n'y aurait pas eu d'évolution

---

* Il existe d'autres manières de modifier le patrimoine génétique d'êtres vivants.

** Adénine, cytosine, guanine, thymine.

*** Acide désoxyribonucléique. Nos chromosomes sont formés de longues chaînes d'ADN. Le mot « ADN » s'est fort justement confondu, dans le langage courant, avec l'hérédité, le patrimoine héréditaire ou le patrimoine génétique.

darwinienne. Un être vivant n'est donc jamais la stricte réplique du génome de ses parents. L'ovule ou le spermatozoïde des animaux, le pollen ou l'ovaire des plantes, qui ont été à la base de tout nouvel être vivant, ont subi des mutations aléatoires. Or il n'y a aucune différence biologique entre une mutation aléatoire « naturelle » et une mutation provoquée. La seule est que, dans ce dernier cas, on sait ce que l'on a fait et l'on connaît le gène. Pas dans la mutation naturelle aléatoire.

La sélection génétique a été une des raisons majeures de la croissance considérable des rendements agricoles depuis un demi-siècle. Historiquement cette sélection s'est faite de manière empirique en reproduisant les « bons » sujets ou en faisant muter des graines, notamment par irradiation, pour trouver de nouvelles variétés. Cela se faisait donc à l'aveugle. N'est-il pas préférable de maîtriser ce processus ?

Par ailleurs, dans une graine – qu'elle soit de maïs, de blé ou de topinambour – comme dans un œuf fécondé, la plupart des gènes sont dormants, c'est-à-dire provisoirement inactifs. Aussi, quand le gène d'un bacille est importé dans le génome du maïs pour permettre à cette plante de mieux se défendre contre tel ou tel ravageur, le gène ne s'exprime le plus souvent que si la graine est plantée, si elle germe et si la plante vient à maturité. Quand un matin, à votre petit déjeuner, vous mangez du pain complet avec un œuf, il ne vous a pas échappé que ce matin-là vous n'avaliez ni épis de blé, ni crête de coq ou pattes de poulet.

Dans 100 % de nos aliments, nous consommons des cellules vivantes, donc leurs noyaux avec leurs chromosomes et leurs gènes, qu'ils soient modifiés ou non. Ils sont digérés et disparaissent intégralement dès leur arrivée dans notre estomac. La digestion réduit l'ADN des aliments en unités élémentaires, en « briques de base » qui ne sont donc plus le support d'une information génétique. Quand un typographe récupérait les lettres de sa plaque pour rédiger un nouvel article, l'information du précédent article qu'il avait écrit disparaissait. Quand un tigre croque un lapin, l'espèce humaine a depuis longtemps remarqué qu'il ne devenait pas lapin pour autant !

Certes, il n'est pas impossible que la mutation d'un gène induise des conséquences inattendues, mais c'est peu probable. Il convient donc de vérifier, OGM après OGM, que ce n'est pas le cas. Mais bannir les OGM, aux bénéfices potentiels immenses, est tout simplement insensé. En 2020, si plus de 18 millions d'agriculteurs, dans 28 pays du monde, plantent ces variétés, c'est bien qu'ils y trouvent un intérêt, notamment parce que de nombreuses variétés ont été sélectionnées pour limiter l'usage de pesticides. Un milliard d'êtres humains mangent tous les jours des produits issus des plantes génétiquement modifiées. La très grande majorité des animaux d'élevage aussi, y compris les volailles et les cochons français[4].

Quant aux adversaires des OGM, ils demeurent actifs et cherchent par tous les moyens, y compris le vandalisme, à empêcher les bienfaits de cette extraordinaire technologie. Ainsi, en février 2020, Greenpeace fait flèche de tout bois pour tenter de faire interdire la plantation de riz doré aux Philippines*, alors que ce riz contient une vitamine dont 20 % des enfants philippins de six mois à cinq ans sont carencés, la vitamine A, et que les études australiennes, américaines, néo-zélandaises, canadiennes ont montré que cette variété ne posait aucun problème de santé spécifique[5] et était porteuse d'un réel bénéfice. Notamment pour lutter contre la cécité précoce, liée à cette carence en vitamine A. Tout y passe, aux yeux de Greenpeace, pour justifier son vandalisme : le principe de précaution, la défense des variétés locales, les mauvaises récoltes récentes, le grand capital, la « contamination » des autres variétés de riz. Puis l'ONG lance une scandaleuse campagne au nom de la défense des droits des Philippins et de leur santé, n'étant plus à un mensonge près ! Et leur droit, à ces millions d'enfants, à ne pas devenir aveugle, qui y pense ?! Haine anti-OGM contre humanisme occidental raisonné, en tout cas Greenpeace a choisi.

Une plante OGM a toutes les caractéristiques de la plante d'origine, plus une ou plusieurs propriétés positives ajoutées. Les idées fausses pourtant abondent, mais sont le plus souvent infondées.

Non, les OGM ne sont pas stériles.

Non, les OGM ne sont pas plus « envahissants » que les autres variétés de cette même plante.

---

* Ils y sont parvenus au Bangladesh !

Oui, une plante OGM est une nouvelle variété, elle accroît donc la biodiversité.

Oui, une plante OGM peut être ressemée, même si la loi sur les brevets protège le développeur de la plante. La législation européenne sur les brevets permet en effet à l'agriculteur de produire des semences de ferme pour son propre usage comme l'indique la directive européenne 98/44/EC et l'article 14 du règlement (CE) nº 2100/94.

Non, les OGM ne sont pas une « privatisation » du vivant.

Oui, comme toute plante, les variétés OGM mutent et peuvent devenir résistantes à un herbicide. Au même titre que l'usage fréquent d'antibiotiques sélectionne des bactéries résistantes. Un motif insuffisant pour arrêter la prescription raisonnée de ces médicaments.

Oui, il n'y a aucune raison de redouter qu'une variété OGM se croise avec une variété non OGM, car ce croisement peut être bénéfique pour les performances de l'hybride ainsi créé.

Les inquiétudes relayées par *L'Obs*[6] étaient pour l'essentiel infondées, comme l'ont notamment confirmé deux études européennes, venant après de nombreuses publications allant dans le même sens[7] dès l'annonce de cette manipulation majeure.

En refusant la plantation d'OGM, la France pénalise son agriculture. Quant à l'opinion, elle manque de cohérence en la matière. Il est en effet curieux que le public français plébiscite le Téléthon en versant chaque année plusieurs centaines de millions d'euros pour favoriser les manipulations génétiques d'êtres humains. Certes, la cause est noble et nous la soutenons, mais ne s'agit-il pas de rechercher des manipulations génétiques sur l'homme ? Ne s'agit-il pas de transgénèse et donc… d'OGM ?

Dans la même lignée, l'Établissement français du sang a inventé des chèvres transgéniques qui fabriquent du plasma humain. Ces animaux vivent leur vie paisible dans les environs de Boston aux États-Unis par crainte des bouchers volontaires européens. La France importe donc depuis les États-Unis du plasma humain fabriqué par des chèvres génétiquement modifiées françaises !

Cet obscurantisme politico-médiatique est à vous rendre… chèvre.

PARADOXES

15

Le nucléaire, c'est l'avenir !

Le premier dogme de l'écologie est le rejet du nucléaire. Cette croyance fondatrice remonte à l'époque où les Grünen de l'Allemagne de l'Ouest étaient financés par les fabricants de lignite de l'Allemagne de l'Est afin de permettre à l'URSS de rattraper son retard en la matière. Le dogme s'est étendu à la France où, pour attirer les voix des écologistes, les partis au pouvoir depuis deux décennies inventent en matière de sécurité des centrales des normes aussi coûteuses qu'extrêmes et réduisent la contribution de cette source d'énergie au mix électrique. La fermeture de la centrale de Fessenheim l'illustre. Peu importe que cela soit coûteux et écologiquement discutable, étant donné que cette fermeture accroît les rejets de gaz à effet de serre en France et en Allemagne. Prétendre « décarboner » une énergie électrique qui l'est déjà est une politique étonnante, sauf si l'on rejette à tout prix les centrales nucléaires.

Par essence, l'énergie est puissance et donc danger, qu'elle soit concentrée dans un stère de bois, une chute d'eau, une tonne de charbon, un baril de pétrole, une batterie au plomb ou quelques grammes d'uranium. Les dangers pour ceux qui la produisent ou la manipulent ne sont pas de même nature, il convient donc d'en connaître les risques et les bienfaits, car la production d'énergie électrique est un sujet politique majeur.

À chaque instant les humains luttent contre leur destruction ; elle serait très rapide sans oxygène (quelques minutes), sans eau (deux jours), et sans aliments (cinq à six semaines)[1]. À cette consommation énergétique de base des *Homo sapiens* de la préhistoire – celle des aliments – s'est ajoutée depuis moins de deux siècles une demande considérable d'énergie requise par les découvertes récentes qui permettent de se chauffer, de se déplacer, de contribuer à de très nombreuses tâches domestiques (laver la vaisselle, le linge, aspirer la poussière…), de fabriquer des machines, d'accroître la productivité de l'agriculture et de se divertir.

Pour illustrer cette transformation des conditions de vie, dès 2006 Jancovici et Grandjean[2] choisissaient une image parlante : pour vivre aujourd'hui, disaient-ils, tout Européen dispose de l'équivalent de la force musculaire d'une centaine d'esclaves. Ce n'est sans doute pas une coïncidence si l'esclavage humain a disparu au moment où arrivait la révolution industrielle avec la machine à vapeur.

Aujourd'hui, les Français consomment surtout des énergies fossiles (69,9 %) et, dans une moindre mesure, de l'énergie nucléaire (17,3 %). La contribution des énergies renouvelables n'est que de 13,3 %, dont l'essentiel provient de l'hydraulique, de la combustion de la biomasse et de celle des déchets (9,7 %). Si l'on regarde maintenant l'électricité seule, qui ne représente que 24,3 % de la consommation finale d'énergie en France, ce pourcentage est plus élevé que celui de la moyenne mondiale (20 %). Toutefois, son rôle ne cesse de croître avec l'usage des appareils électroniques, et se développera encore avec la 5G et les véhicules électriques, même si depuis dix ans la consommation électrique française est provisoirement stable du fait de la baisse des usages industriels et de l'amélioration de la productivité des appareils.

La production d'électricité mérite une attention particulière, car elle peut ne pas rejeter de dioxyde de carbone. La France – ce n'est pas le cas de l'Allemagne – est, en la matière, un pays exemplaire car seulement 11,2 % de son électricité provient de centrales thermiques à flamme, donc dégageant du CO_2, le reste est fourni pour 70,9 % par des centrales nucléaires, 9,8 % des barrages, 4,4 % de l'éolien et 1,7 % du solaire. Comme l'électricité ne représente que le quart de la consommation d'énergie globale, l'éolien et le solaire ne représentent donc que 1,1 % et 0,4 % de la consommation finale. Les éoliennes comme les piles photovoltaïques ne seront jamais la base d'un système électrique, seulement des appoints.

La première raison est que l'une comme l'autre sont intermittentes, or nous consommons aussi de l'électricité la nuit quand les piles photovoltaïques ne marchent pas et nous avons besoin d'électricité quand il n'y a pas de vent !

La deuxième raison est que l'une et l'autre captent de l'énergie diffuse (celle du vent ou du soleil) pour la transformer en énergie électrique. Comme cette énergie est peu dense, il faut beaucoup d'éoliennes ou des grandes surfaces de panneaux afin de répondre à la demande. Ainsi, Pier Vincenzo Piazza a calculé que, pour la seule consommation électrique de pointe de Paris, il serait nécessaire d'installer au sol des panneaux sur 308 kilomètres carrés (trois fois la surface de Paris) ce qui coûterait plusieurs dizaines de milliards d'euros[3] ! Quant à l'éolien, pour atteindre la production d'un réacteur nucléaire à eau pressurisée (EPR), il faudrait installer des éoliennes sur tout le rivage méditerranéen de Perpignan à Nice, mais cela ne suffirait pas : il faudrait y ajouter le tour de Corse (800 kilomètres) pour atteindre la quantité nécessaire.

Comme toute production électrique, les énergies intermittentes doivent être reliées au réseau et il faut par conséquent ajouter autant de points d'entrée que de lieux de production. Pour acheminer cette faible énergie, la ligne de transport doit être calculée en fonction de la capacité maximale de production qui arrive sur le réseau et cela nécessite donc d'accroître sensiblement la taille de ces lignes.

Mille et une idées ont été émises pour transformer cette électricité peu utile en hydrogène, en énergie cinétique, en accumulation de chaleur dans le sol, en stockage d'air comprimé… Cela marche sur le papier mais ce concours Lépine est en pratique inopérant, car les éventuelles petites usines à construire transformeraient de trop faibles quantités d'énergie, auraient de très mauvais rendements et ne seraient pas économiquement viables. Rappelons à cette occasion que si aujourd'hui des voitures à hydrogène circulent à Tokyo, c'est grâce à l'hydrogène fabriqué par des centrales à charbon en Australie !

On peut donc se demander s'il existe une utilité autre que politique à la taxe destinée au développement des énergies renouvelables en France – la CSPE, Contribution au service public d'électricité –, taxe qui a augmenté de 650 % entre 2002 et 2016. Elle représente aujourd'hui environ 20 % de la facture des usagers et contribue à la baisse de leur pouvoir d'achat* ! Ces énergies demeureront toujours diffuses et intermittentes. Il est surprenant que cette réalité physique soit si souvent contestée, comme s'il s'agissait d'une question d'opinion.

L'électricité ne se stocke pas.

Quand on consomme de l'électricité, on consomme un flux d'électrons. L'électricité est un courant, or les courants ne s'arrêtent pas, ils... courent ! Ce que l'on peut stocker est un dispositif qui transforme l'énergie électrique en une autre énergie, stockable, qu'on pourra retransformer en courant électrique quand le besoin apparaîtra. Ainsi, les batteries convertissent l'énergie électrique en énergie chimique, puis l'inverse sur demande, mais toujours avec des pertes importantes aux deux passages. Pour les grands réseaux nationaux, l'énergie électrique peut être transformée en énergie potentielle si l'on remonte de l'eau dans un barrage d'altitude en la pompant pour la turbiner plus tard. Encore faut-il avoir un réservoir pas trop loin car le transport de l'électricité entraîne d'importantes pertes en ligne.

---

* Depuis 2007, la facture d'électricité a, en moyenne, augmenté de plus de 50 % ! Les taxes sur l'énergie sont de plus en plus impopulaires, comme l'a montré la révolte des Gilets jaunes.

L'énergie nucléaire a d'autres inconvénients et peut être dangereuse du fait des rayonnements ionisants, nocifs à forte dose. Néanmoins, la planète, les plantes, les animaux et les humains, depuis qu'ils sont apparus sur Terre, ont été irradiés. Quand la vie est née, la dose de rayonnements ionisants qui atteignaient l'écorce terrestre était cinq fois plus importante qu'aujourd'hui, car l'atmosphère était moins protectrice*. Il est donc logique d'en conclure, sans prendre un risque démesuré, que la vie est compatible avec une certaine dose de rayonnements même si à forte dose ils sont redoutables, voire mortels. À dose moins élevée, certaines cellules peuvent être atteintes et déclencher, plus tard, une maladie. En revanche, pour les faibles doses**, il n'a pas été possible de mettre en évidence un effet pathogène***. Cependant, principe de précaution oblige, le consensus international considère que toute exposition,

* Plus on s'élève en altitude, plus on est irradié. C'est le cas des personnes qui vivent en altitude plutôt qu'au bord de la mer mais aussi de celles qui prennent l'avion. Un vol en avion de ligne, entre 10 000 et 12 000 mètres d'altitude, conduit à recevoir entre 100 et 300 fois la dose que l'on recevrait au sol durant la même durée.

** Bien entendu, ce qualificatif de « faible » a besoin d'être défini. Les normes internationales en la matière ne sont pas « faibles » mais infimes.

*** Des études ont été réalisées sur le personnel navigant des compagnies aériennes, sans qu'un effet ait été démontré. Il est vrai que même pour eux l'accroissement de dose est faible : quelques millisieverts.

même minuscule, est susceptible d'avoir un effet sur l'une ou l'autre des personnes exposées et que cet effet est linéaire.

Pourtant, les rayonnements ionisants naturels varient grandement sur la planète*, comme en France. En Iran (région de Ramsar[4]) et en Inde (Kerala), du fait de la proximité de sources chaudes radioactives, la dose reçue par certains habitants va jusqu'à dépasser de 240 fois la dose maximale tolérée pour la radioprotection. Elle est de 55 à 200 fois plus élevée que dans les régions avoisinantes. Les populations de ces régions non seulement ne semblent pas affectées, mais un certain nombre d'études ponctuelles paraissent mettre en évidence un effet positif de faibles doses d'irradiation[5]. Tout se passerait comme si le mécanisme de réparation cellulaire était activé par ces doses.

Ainsi, il peut paraître surprenant de constater que de produire de l'électricité en utilisant l'énergie nucléaire est la technologie la moins coûteuse en vies humaines, et de loin, catastrophe de Tchernobyl et accident de Fukushima inclus** ! Même si ces drames ne peuvent pas être passés sous silence.

---

* De l'ordre de 1 à 500 millisieverts par an selon la région d'habitation.

** Le tsunami qui a ravagé Fukushima au Japon a fait 20 000 morts. Ce raz de marée a endommagé l'usine nucléaire voisine, mais les radiations issues de ces dommages n'ont fait aucun mort, ni occasionné

Le redoutable ministre de l'Intérieur de Staline, Lavrenti Beria, avait regroupé en 1947 de l'autre côté de l'Oural les physiciens et chimistes nucléaires russes pour permettre à l'Union soviétique de se doter de l'arme atomique. Ils y parvinrent rapidement : le premier essai eut lieu en 1949. Comme dans toute l'Union soviétique, les questions environnementales n'étaient pas la priorité des soviets. Les éléments radioactifs étaient stockés dans des fûts sur le site de Maïak* et refroidis par un système rudimentaire. Il tomba en panne le 29 septembre 1957, ce qui provoqua une explosion chimique mais non nucléaire. Ce fut néanmoins une catastrophe nucléaire de niveau 6** par la projection dans l'atmosphère d'éléments radioactifs dans des quantités importantes, à savoir la moitié des rejets de Tchernobyl et cinq fois plus que Fukushima. Une partie des poussières radioactives retomba sur place, mais l'essentiel, poussé par le vent, se dispersa sur une trajectoire nord-est. Dix mille personnes furent très provisoirement évacuées du site, et cinq cent mille furent exposées aux radiations et – sans pouvoir les nommer – certaines en moururent ; l'estimation est de 220 décès cette année-là. Si les Soviétiques déplacèrent la ville sur la carte, la plupart des habitants restèrent sur

---

de cancer ou autres. Dire que Fukushima est une catastrophe « nucléaire » est une imposture.

* Situé dans la ville d'Oziorsk. Son existence fut longtemps tenue secrète.

** « Accident grave », selon l'Échelle internationale des événements nucléaires et radiologiques. Cette échelle va de 0 à 7.

place. Le site industriel est toujours actif et semble être encore à l'origine de nouveaux accidents en 2010 et en 2017.

En 1991, deux ans après la chute du mur de Berlin, la Commission européenne lança un appel d'offres pour étudier les conséquences sanitaires de cette catastrophe de 1957, dite « de Kychtym ». L'entreprise de conseil en santé que je dirigeais alors, en collaboration avec des experts de l'Institut Curie et du CEA, gagna l'appel d'offres. L'étude dura plus d'un an. À notre très grande surprise, nous n'avons pas trouvé de différences statistiquement significatives et donc pas de surmortalité dans la ville voisine, Kamensk-Ouralski, dont les habitants ont été exposés pendant des décennies à des doses de radioactivité très supérieures aux normes acceptées[6].

En 2019, évaluant les conséquences du tsunami de Fukushima, Matthew Neidell et une équipe[7] publient une analyse au titre sibyllin : « Soyez prudent avec le principe de précaution. Preuve tirée de l'accident nucléaire de Fukushima Daiichi » ; son contenu s'éclaire dans *The Economist* du 9 novembre 2019, qui, résumant cette étude, demande, à propos de Fukushima : « Est-ce que les mesures de sécurité ont plus tué que le désastre qui les a déclenchées ? » La réponse est clairement oui ; la précaution peut être mortelle !

21 000 résidents de la zone de Fukushima furent évacués de force, sur décision des pouvoirs publics. 2 000 sont morts du seul fait de cette évacuation, pour diverses raisons : stress, suicide, arrêt de traitements médicaux… En outre, l'accident

sur la centrale a entraîné une forte hausse du coût de l'électricité, toutes les autres centrales nucléaires ayant été fermées au Japon. Entre 2011 et 2014, 1 280 personnes sont mortes de froid* faute d'accès économique à l'électricité. Absolument aucun décès n'a été comptabilisé du fait de l'exposition aux rayonnements ionisants. Les 21 000 décès de Fukushima viennent de la noyade par le tsunami. La prétendue « catastrophe nucléaire de Fukushima » a fait zéro mort du nucléaire.

Ce ne fut pas le cas à Tchernobyl. Vingt ans après le drame, en 2006, l'OMS[8] estimait que le nombre de décès directement dus à la catastrophe était inférieur à 80 personnes dont 50 personnes chez les 240 000 « liquidateurs » envoyés sur le site par leur hiérarchie, au mépris du risque vital, et qui furent donc très fortement exposés aux radiations**. On a déploré aussi 6 000 cas de cancers de la thyroïde chez 2 millions d'enfants de Biélorussie, de la Fédération de Russie et d'Ukraine. Ils furent traités par ablation de la thyroïde et prescription à vie de thyroxine. Ce traitement n'est pas bénin, mais il leur a sauvé la vie***. On n'a pas distingué, dans cette zone, d'augmentation significative des cancers du sein et des leucémies chez la population la plus irradiée et, contrairement à ce qui a été dit et montré par des images qui proviennent de

* Il ne s'agit pas d'une estimation mais d'un recensement.

** Il y eut au total 530 000 liquidateurs !

*** Le nombre de décès dus à un cancer de la thyroïde chez ces enfants de l'époque est de 9.

montages frauduleux, on n'a pas observé non plus de malformations congénitales. Il y eut même, en 1987, soit un an après la catastrophe, une baisse des morts par leucémie en Ukraine[9]. La communauté internationale a en effet aidé ces malades à être correctement pris en charge très rapidement.

Depuis juillet 2003, l'Académie de médecine considère que l'électricité nucléaire « s'avère avoir le plus faible impact sur la santé par kilowattheure produit par rapport aux filières utilisant des combustibles fossiles, les biomasses ou l'incinération des déchets, [...] ou même les énergies éolienne et photovoltaïque[10] ». L'article de Markandya et Wilkinson publié par *The Lancet* en 2007 indique que la mortalité à court terme par unité d'énergie est 467 fois moins importante pour le nucléaire que pour les centrales à charbon[11]. Ceci sans évoquer la mortalité qui serait liée à la pollution atmosphérique*. Quant au gaz, considéré comme énergie « propre », le rapport est de 1 à 40. Enfin, Kharecha et Hansen ont calculé que le remplacement du charbon, du fuel et du gaz par le nucléaire a déjà « économisé » 1,84 million de morts prématurées dans le monde de 1970 à 2010, dont 290 000 en France, et aussi évité l'émission de 64 milliards de tonnes de CO_2[12] !

En janvier 2012, l'Académie des sciences confirme que « les centrales nucléaires sont aujourd'hui le seul moyen de produire massivement de l'électricité concentrée, permanente

* Si l'on en tient compte, il faut multiplier par un facteur de 10.

et sans émission de gaz à effet de serre ». Elle souligne aussi que « quatre décennies d'expérience ont montré que l'impact sanitaire du nucléaire est bien moindre que celui d'autres sources principales d'énergie, le charbon en particulier[13] ».

Enfin, une gestion des déchets nucléaires est possible. Actuellement, la totalité de l'électricité nucléaire française est produite par la fission d'un gramme d'uranium par habitant et par an. Soit 67 tonnes d'uranium fissionnées par an pour 67 millions de Français, ce qui représente un volume global de moins de 4 mètres cubes. Beaucoup moins que le volume d'une petite voiture. Sans entrer ici dans les détails, il a été montré à maintes reprises que la solution est de les stocker en copiant la nature et donc trouver pour ces déchets un réceptacle qui garantisse une étanchéité compatible avec le retour à la radioactivité ambiante. L'argilite à l'est du Bassin parisien, aux confins de la Meuse et de la Haute-Marne, possède les propriétés requises. Le choix du site souterrain de Bure est donc approprié, comme le confirment des essais conduits sur place depuis quinze ans. On ne voit pas comment les éléments radioactifs qui y seraient enfouis pourraient remonter à la surface dans des dizaines de milliers d'années, mais de toute façon leur dangerosité aura alors disparu. La radioactivité décroît avec le temps et se confondra avec la radioactivité naturelle ambiante du sol, qui contient en moyenne 3 grammes d'uranium par tonne de terre et jusqu'à 20 grammes dans les régions granitiques (Massif central, Bretagne, Alpes).

Le risque nucléaire est avant tout un risque politique :

– il y a un lien entre le nucléaire civil et la prolifération des armes atomiques ;

– les installations civiles peuvent être sensibles au terrorisme ;

– la gestion des déchets radioactifs suppose une stabilité sociale qui seule garantit leur non-dissémination.

Chacun mesure, à la lecture de la presse, que les centrales construites par l'empire soviétique faisaient courir à l'époque, et font toujours courir aujourd'hui, un risque écologique et un risque sanitaire aux habitants de l'ex-Union soviétique.

Avant que l'on se soucie du réchauffement de la planète, on pensait que la différence entre la pollution du charbon et celle de l'atome était essentielle, sur le plan écologique, car celle du charbon ne se répercutait pas, *a priori*, sur les générations futures. Il était également admis que la question de la gestion des déchets nucléaires n'était pas résolue et que celle de l'énergie produite grâce au charbon l'était – en oubliant que la poubelle du charbon était et est toujours l'atmosphère. La combustion du charbon sans résidu produit du gaz carbonique invisible, inodore et non toxique, mais il accroît l'effet de serre. Cette pollution n'était pas prise en compte, parce que invisible.

Dans le cas du nucléaire, il s'agit de quelques centaines

de tonnes, et dans celui du CO_2, de plusieurs milliards de tonnes par an. Soulignons en outre que la pollution par le charbon est systématique. Toutes les fois que brûle du charbon, du gaz carbonique s'échappe, alors que la pollution ionisante du nucléaire civil n'est heureusement qu'accidentelle et les accidents rarissimes. En fait, à ce jour, seul Tchernobyl a tué à cause des radiations ionisantes.

Il n'existera jamais une source d'énergie sans inconvénients écologiques et sanitaires. Le risque de non-pollution absolu n'existe pas. Surtout quand la source d'énergie est abondante, donc bon marché, ce qui est le cas du charbon et de l'électricité nucléaire. Depuis la fin du XVIIIe siècle l'industrie du charbon a été pour l'espèce humaine des milliers de fois plus mortelle, plus dangereuse et plus polluante que ne l'a été le nucléaire. Cela dit, le charbon a été la source de la révolution industrielle des XIXe et XXe siècles. Donc la source de tout notre bien-être actuel, de notre richesse et de la qualité de nos vies. La page de charbon se tourne, celle du nucléaire, plus encore que celle des énergies renouvelables, s'ouvre.

16

Les tribunaux de la science

Depuis que l'astronome italien Galileo Galilei fut, en 1633, condamné par l'Église à abjurer sa doctrine de la rotation de la Terre autour du Soleil ainsi qu'à un emprisonnement de durée indéfinie*, on sait que les tribunaux ne devraient jouer aucun rôle pour trancher les controverses scientifiques. L'argument que ce génial esprit de la Renaissance utilisa pour sa défense avait déjà été avancé par saint Augustin. Si l'autorité de la Bible s'impose pour le salut des hommes, il ne faut pas prendre les images des Écritures à la lettre, argumentait l'évêque d'Hippone. Ainsi, dans la Bible, Yahvé se met en colère, il a figure humaine, des mains, une grande barbe... Cette vision anthropocentrée de Dieu n'est qu'une image, il en est de même de la conception biblique du Système solaire. En outre, ajoutait Galilée, si Dieu a doté l'homme de la raison, c'est pour qu'il s'en serve. Comme Pascal quelques années

* Le pape était proche des idées de Galilée et, à l'époque, la peine fut considérée comme clémente.

plus tard (1670), Galilée plaidait donc pour la séparation des ordres et soulignait la méprise consistant à se servir d'arguments religieux dans le domaine des sciences[1].

Quatre siècles plus tard, il demeure tout aussi crucial de ne pas confondre la recherche du vrai et celle du juste. Si la méthode scientifique comme le recours à la justice sont des manières pacifiques de trancher des conflits, leur similitude s'arrête là. Leurs raisons d'être comme leurs méthodes diffèrent. La justice a pour essence de rechercher ce que le législateur considère comme juste à une époque donnée, dans un pays précis. La méthode scientifique tente de s'approcher de ce qui est universellement vrai, en cherchant à démontrer que ce que l'on prétend être vrai est peut-être… faux. Si un juge tranche, si les procès – si longs soient-ils – ont une fin, la science est en procès permanent. Son juge de paix est le résultat d'expériences, d'observations et de modèles. Une théorie peut être remise en question ; toutefois, au fil des ans, elle atteint une forme de vérité d'autant plus solide que les expériences se sont accumulées et n'ont pas réussi à démontrer qu'elle était fausse. Alors s'impose le principe d'évidence. Ainsi, même si l'on ne croit pas aux découvertes de la physique du XXe siècle, quand on allume la télévision, on voit des images. Si Einstein a permis de dépasser la physique de Newton en ajoutant une quatrième dimension aux trois dimensions de l'espace, celle du temps, la gravitation universelle de Newton demeure une bonne approximation dans la vie de tous les jours. Einstein ne l'a pas contredit pour la chute des pommes. C'est la raison pour laquelle les scientifiques sont prudents. Il ne faut cependant pas prendre cette prudence pour une absence de confiance dans les hypothèses testées à maintes reprises par d'autres scientifiques.

Depuis le début du XXIe siècle, la confusion entre le droit et la science prospère et les tribunaux s'immiscent dans les querelles scientifiques. Certes, comme à l'époque de Galilée où plusieurs courants débattaient au sein de l'Église, il en est ainsi aujourd'hui de l'institution judiciaire. Certains tribunaux tranchent et condamnent sans aucun fondement empirique. En 1616, l'Inquisition déclarait « absurde » que la Terre tourne autour du Soleil. En 2019, la nouvelle police de la bien-pensance tente de faire croire contre toute évidence que les OGM, les ondes téléphoniques, le glyphosate à dose d'usage courant, le compteur d'EDF Linky, etc., sont dangereux pour la santé. Il faut dire qu'il leur a été donné de nombreux instruments juridiques pour permettre cette redoutable incursion et que les juges sont naturellement influencés par l'idéologie dominante de la « pensée correcte ».

L'application du principe de précaution, défini en 2005 par l'article 5 de la Charte de l'environnement, est sans doute la dérive la plus dangereuse[2]. Pourtant, dès 2007, nous signalions que ce principe était absurde[3]. Cet article de la Charte demande que soient adoptées des « mesures provisoires et proportionnées », et ceci bien que la réalisation du dommage soit « incertaine ». Si c'est incertain, comment trouver des mesures « proportionnées » ? Le Parlement a inscrit ce principe dans la Charte de l'environnement, sans remarquer cette contradiction entre l'incertitude de la cause et la proportionnalité des mesures. Ce qui était incertain, en général, le demeure. En outre, quelle instance invoque le dommage potentiel pour lequel il faudrait appliquer le principe de précaution ? Pourquoi ce dommage-ci plutôt que ce dommage-là ? Le champ des dommages potentiels est potentiellement infini. Depuis deux décennies, à l'évidence, ce sont les écologistes politiques qui, forts de leurs idéologies sous-jacentes – pour l'essentiel, la décroissance et la lutte contre l'énergie nucléaire –, choisissent les dommages incertains qu'il faudrait collectivement privilégier.

Parfois, comme dans le cas des OGM, on est allé plus loin que la mise en œuvre de ce principe et le Parlement a tranché la controverse, puisqu'une loi adoptée en juin 2015 interdit toute mise en culture des maïs génétiquement modifiés en France*. Il faut cependant saluer ici la décision courageuse du Conseil d'État qui, avant le vote de cette loi, avait annulé l'interdiction administrative du maïs Monsanto 810, résistant à la pyrale, un papillon très ravageur, en s'appuyant sur l'Autorité européenne de sécurité des aliments qui expliquait que « le développement d'une résistance chez les insectes » liée à cet OGM pouvait être maîtrisé. Néanmoins, la France s'isole et prive ses agriculteurs d'une manière extraordinaire de limiter l'usage de produits phytosanitaires. En 2018, dans le monde, 187 millions d'hectares étaient plantés de variétés OGM (maïs, coton, soja, papaye...), presque quatre fois la superficie totale de la France.

* Il en est également ainsi du bisphénol A.

Dans le domaine des ondes électromagnétiques, le 30 juillet 2019, la cour d'appel de Tours a demandé de procéder au retrait d'un compteur Linky dans le logement d'une famille chez qui un enfant de sept ans est malade et atteint de fatigue chronique. Il a également été demandé à Enedis de ne pas installer ce compteur « intelligent » dans treize autres foyers pour des raisons médicales, les personnes concernées étant déclarées, par certificat médical, « électro-hypersensibles ». La décision ne me choque pas, en tant que telle. Il existe en effet d'autres compteurs et, à l'évidence, ces personnes souffrent et cette croyance n'a guère de conséquences. Il me paraît en outre normal que le consommateur ait un choix, même si ce choix vient d'un raisonnement sans fondement empirique. En revanche, ce qui me gêne, c'est le certificat médical. L'effet pathogène de ces ondes, depuis longtemps invoqué pour la téléphonie mobile, comme aujourd'hui pour ce compteur, n'a jamais été démontré. Quand on place ces personnes dans des conditions expérimentales en présence ou en absence d'ondes émises, elles ne peuvent pas déceler leur éventuelle émission et elles répondent de manière aléatoire. Personne n'a pu établir un lien, fût-il ténu, entre ces ondes et les symptômes d'électro-hypersensibilité présumée. Dans ce domaine, la justice récidive : elle avait déjà sévi en demandant de verser des indemnités à un plaignant proche d'un relais de téléphonie mobile pour « préjudice d'anxiété ». Outre le côté très discutable de cette notion*, on découvrira quelques mois plus tard que l'antenne n'était pas branchée !

---

* J'ai eu le bonheur de jouer au rugby dans la position d'arrière. Je suggère à tous ceux qui occupent ce poste de poursuivre leur club pour

Le principe de précaution est de nouveau invoqué par le Comité de recherche et d'information indépendantes sur le génie génétique (CRIIGEN). Par un jugement du 15 janvier 2019, le tribunal administratif de Lyon annule la décision du 6 mars 2017 autorisant la mise sur le marché du Roundup Pro 360. Le 5 novembre 2019 s'ouvre devant le même tribunal un autre procès sur ce même produit. Cette fois c'est Europe Écologie-Les Verts (EELV) qui réclame l'annulation de mise sur le marché du Roundup 720, la marque commerciale du glyphosate, en demandant d'appliquer le principe de précaution, alléguant le fait que l'on a trouvé des traces de ce produit dans les urines des adhérents de ce parti politique. Des doses infimes, bien entendu, qui sont peut-être la trace d'autres substances qui feraient réagir le même test, et dont on n'a jamais démontré la toxicité à des doses du milliardième de gramme. Non seulement le tribunal tranche une controverse scientifique, mais il accepte aussi d'invoquer le principe de précaution alors que son champ d'application se limite, en principe (si j'ose dire), à l'environnement : « Lorsque la réalisation d'un dommage, bien qu'incertaine en l'état des connaissances scientifiques, pourrait affecter de manière grave et irréversible l'environnement [...]. » Ce principe de précaution a donc été utilisé progressivement par les juges pour argumenter des arrêts

---

« préjudice d'anxiété » car, quand le ballon arrive, les avants de l'équipe adverse, qui ne sont pas animés de bonnes intentions, déboulent en même temps et le dernier rempart qu'est l'arrière les voit venir avec une anxiété certaine.

dans des domaines qui n'ont pas grand-chose à voir avec l'environnement.

Pour l'instant, les dégâts sont encore relativement minimes, mais on n'a encore rien vu. Notamment depuis l'apparition politique et médiatique de Greta Thunberg, jeune lycéenne suédoise née en 2003 et son fameux « *How dare you** » en 2019. Que va faire la justice des plaintes déposées par des communes et des associations contre l'État qui, selon elles, ne protège pas assez la population des aléas climatiques ? Que veut dire, en la matière, pour la France de 2019, une réponse « proportionnée » à la menace invoquée par les plaignants ? Proportionnée à la surface de notre pays, qui représente 0,3 % des continents et 0,1 % de la surface de la planète ? À sa population (1 %) ? À ses rejets de gaz carbonique ? Proportionnée à l'effet de ces émissions sur le climat ? Une réponse proportionnée à quoi ? Aux dires de quels « experts » les tribunaux vont-ils faire appel ? Nous sommes bien là dans le champ du principe de précaution : il s'agit bien d'environnement, l'incertitude demeure pour certains, mais surtout quelles seraient les « mesures provisoires et proportionnées » qu'il conviendrait d'adopter ?

À suivre, donc.

---

* « Comment osez-vous ? »

17

Les enjeux de la méthode expérimentale

Remercions le jury du Nobel d'économie de 2019 d'avoir rappelé l'importance cruciale de la méthode expérimentale. En effet, ce prix reconnaît non seulement l'influence déterminante des recherches des lauréats sur la nature des politiques les plus efficaces pour sortir une communauté de la pauvreté, mais aussi la contribution des essais randomisés contrôlés, systématiquement utilisés dans leurs travaux. La méthode expérimentale apporte la preuve d'efficacité – ou d'inefficacité – de telle ou telle mesure.

Le microcrédit aide-t-il à sortir de la pauvreté ? L'information suffit-elle à favoriser la vaccination des personnes vivant dans des communautés déshéritées ? Faut-il subventionner les produits alimentaires de base ? Non, répondent Esther Duflo, Abhijit Banerjee, tous deux professeurs d'économie au MIT, et Michael Kremer, professeur à Harvard, à ces trois questions qui ne sont que des exemples des travaux qui leur ont valu le prix Nobel d'économie. Certes, cette démarche n'est pas nouvelle, même en sciences sociales, mais leur équipe l'a généralisée et a ainsi permis de mieux orienter l'aide au développement. Je passerai sur des commentaires d'économistes français aussi atterrés qu'atterrants[1], même s'il est exact que l'on ne peut pas systématiquement tirer parti des résultats d'une communauté et les appliquer sans prudence à une autre. Mais, ne vaut-il pas mieux dire quelque chose de vrai sur un thème limité, pour une population précise, que diffuser une idéologie en tentant de la parer des habits de la science ?

Cette remarque s'applique non pas à la médecine, qui rend obligatoire la méthode des essais randomisés pour tester toute nouvelle thérapeutique, mais à la santé publique, pour qui ce n'est en général pas le cas. Ceci conduit, par exemple, sans prudence, à condamner la viande rouge à toute dose, ou à laisser penser que la pollution atmosphérique serait, en France, à l'origine de 48 000 décès prématurés, fausse nouvelle s'il en est !

Pour tester une hypothèse et démontrer que A agit sur B, par exemple que manger bio peut réduire la probabilité d'être atteint d'un cancer, il faut éliminer toutes les autres causes possibles d'être frappé par cette terrible maladie et donc isoler le facteur « bio » de tous les autres*. La démonstration n'est convaincante que si le lien est avéré *toutes choses étant égales par ailleurs*. Ces six mots sont la préoccupation constante des chercheurs et la première clé d'analyse

* Voir également dans cet ouvrage la controverse sur l'effet cancérigène des nitrites et des nitrates.

des évaluateurs des articles soumis à publication des grandes revues scientifiques dédiées aux sciences de la nature. Ils se demandent toujours s'il est exact qu'aucun autre facteur n'intervient pour expliquer une apparente corrélation.

S'il est relativement facile de remplir des conditions d'essais pour mesurer le potentiel d'une nouvelle variété de blé et savoir si elle est préférable à telle autre, en éliminant les variations de climat, de sol, de luminosité, d'hygrométrie, cela devient plus difficile dès que des hommes sont concernés.

Pour parvenir à l'évaluation d'un nouveau médicament, après beaucoup de tests en laboratoire et notamment des tests de toxicité, il est administré un jour à un groupe de patients afin de comparer les conséquences de cette thérapeutique à celles de l'administration d'un placebo ou d'un médicament déjà existant. Pour cela les patients des deux groupes doivent être « identiques » : même âge, même sexe, même taille, même poids, mêmes pathologies principales et associées, bref il faut que « toutes choses soient égales par ailleurs ». Comme les patients ne sont jamais inertes et comme le médecin peut influencer son patient, le praticien ne doit pas savoir s'il administre la nouvelle molécule ou le médicament témoin ; les essais doivent être réalisés en « double aveugle ». C'est toujours difficile. Ainsi, cette histoire rapportée dans un essai fameux[2]. Au Royaume-Uni, une patiente est venue dire à son médecin :

> « Docteur, j'ai la même maladie que ma voisine de chambre, pourtant nous n'avons pas le même médicament.

– Ah bon ? répond le médecin. Vous faites pourtant partie du même essai pour lequel vous êtes toutes les deux volontaires.

– Peut-être, mais ce n'est pas le même médicament.

– Comment ça ? Pourquoi ce ne serait pas le même médicament ?

– Docteur, quand elle met le sien aux toilettes, il coule, alors que le mien flotte ! »

Tout était identique, sauf le poids de la pilule !

En santé publique on s'encombre rarement de telles précautions, ce qui n'empêche pas de diffuser des informations aussi fausses que lourdes de conséquences. Prenons, avec Guy-André Pelouze[3], l'exemple de la viande rouge, dont le CIRC prétend qu'elle accroîtrait la probabilité d'avoir un cancer colorectal[4] à toutes doses. Les conclusions du CIRC sont tirées d'études observationnelles, mais pas d'expériences.

On les qualifie d'« observationnelles », puisque pendant une période donnée, souvent de plusieurs années, on « observe » la santé des gros mangeurs de viande et on la compare, soit à la santé de la moyenne de la population, soit à celle de végétariens. Bien entendu, la référence compte car les végétariens ne sont en rien la population moyenne. De plus, les gros mangeurs de viande rouge sont aussi mangeurs de charcuterie et de produits carnés transformés. Or cette méthode ne permet pas de distinguer ce qui revient à la viande rouge de ce qui dépend des produits transformés. En outre, les données sont le plus souvent déclaratives, floues et trop rarement renseignées, souvent une seule fois par an. Certes, il n'est pas possible de contraindre une population à manger beaucoup de viande rouge pendant dix ans et une autre à demeurer végétarienne pendant une décennie, ceci dans deux groupes où toutes choses seraient égales par ailleurs. Toutefois, il est possible de réaliser des études randomisées de courte durée et, sans entrer dans les détails, des méthodes génétiques permettent aujourd'hui d'étudier les effets des nutriments sur la cancérogénèse. On peut donc tester scientifiquement cette allégation, ce qui n'est pas le cas des études observationnelles.

La viande crue, le muscle des animaux, contient 20 % de protéines, 5 % de glucides, de lipides et de sels minéraux et… 75 % d'eau. Il n'existe aucun produit cancérigène dans la viande crue. Les lions et autres carnivores n'ont pas de cancer ni de maladies cardiovasculaires. Quant aux humains, ils en ingèrent depuis des centaines de milliers d'années. Les études expérimentales montrent qu'il n'y a aucun risque à manger jusqu'à cinq steaks par semaine (500 grammes), même si la cuisson de la viande à haute température peut produire des toxines. Les mangeurs de viande rouge à dose modérée peuvent dormir sur leurs deux oreilles.

Mais est-ce bien de viande qu'il s'agit ? La cible n'est-elle pas l'élevage, qui est attaqué et avec lui la contribution des ruminants aux rejets de méthane, gaz à effet de serre, voire au fait qu'ils se nourrissent, dans certaines conditions d'élevage, de protéagineux (soja, tournesol…) qui peuvent être des OGM ?

Quant à la prudence nécessaire à l'égard des études de cohorte, elle est illustrée par les études d'impact de la pollution atmosphérique où, là encore, on compare la santé de ceux qui vivent dans des zones très polluées et celle de ceux qui vivent dans des zones très peu denses, loin de toute circulation et production industrielle ; deux populations pour qui, à l'évidence, toutes choses ne sont pas égales par ailleurs.

18

Diabolisations

La première manifestation des Gilets jaunes était la conséquence d'un changement de politique à l'égard des voitures propulsées par des moteurs Diesel, jusque-là bien considérées. Celles-ci se sont transformées en graves nuisances du jour au lendemain. Qu'en est-il ?

Un litre de gasoil contient 7,3 % de plus d'énergie qu'un litre d'essence. En outre, pour la même quantité d'énergie, le moteur Diesel offre un meilleur rendement que le moteur à essence (environ + 18 %). La somme de ces deux avantages permet à une voiture propulsée par un Diesel de parcourir, pour le même plein, une distance de 25 % supérieure, ce n'est pas rien. Ce faisant, il rejette donc aussi 25 % de moins de gaz carbonique qu'un conducteur d'automobile à essence pour la même distance parcourue. Avantage Diesel !

Pour ce qui est de l'impact de ce type de moteur sur la qualité de l'air et la santé des populations, il convient d'analyser l'étude princeps qui a conduit le CIRC, en 2012, à classer les émanations de ces moteurs dans la catégorie des « cancérogènes avérés ». Cette étude a comparé deux populations de mineurs travaillant dans la même entreprise. Les mineurs d'un premier groupe n'étaient pas exposés aux émanations de moteurs Diesel durant leur travail dans la mine, alors que ceux du deuxième groupe utilisaient des machines électrogènes équipées de vieux* moteurs Diesel. Ces mineurs du second groupe partageaient donc l'air de la mine avec ces moteurs et respiraient ainsi des gaz d'échappement dans une atmosphère pour le moins confinée[1]. Si le niveau d'exposition aux particules variait de 304 à 1 005 microgrammes par mètre cube, soulignons déjà que ce niveau est très supérieur à celui des villes considérées comme « polluées » (50 microgrammes).

Le résultat des comparaisons entre ces deux groupes fut beaucoup moins spectaculaire que ce à quoi on pouvait s'attendre. En effet, si le risque relatif d'avoir un cancer était multiplié par trois chez ceux qui étaient exposés à ces émanations par rapport à ceux qui ne l'étaient pas, cette relation statistique significative n'existait que chez les fumeurs. Elle devenait beaucoup plus faible chez les non-fumeurs (risque relatif de 1,4)** malgré la même et forte exposition. Cette étude fut répliquée en Allemagne[2] en 2013. Elle « n'a pas montré qu'il y avait un lien statistique entre l'exposition aux émissions des moteurs Diesel et le risque de cancer du poumon » ; certes, dans ce cas, les moteurs étaient récents, avec filtre donc.

---

* Ce fait est reconnu par les auteurs de l'article.

** Ce qui est un risque relatif bas. On ne les considère le plus souvent que quand ils dépassent 2.

La première étude laisse penser qu'il y aurait, dans certaines circonstances, un impact de vieux moteurs Diesel sur des mineurs non fumeurs, exposés pendant longtemps à de très fortes émissions dans une atmosphère confinée. Il ne s'agit donc ni de villes, ni d'éventuels effets de nouveaux moteurs munis de filtre !

En 2018, le CIRC, publiant des « nouvelles données sur les cas de cancers dus au mode de vie et à l'environnement en France[3] », indique des chiffres cohérents avec ces travaux. 68 000 nouveaux cas de cancers sont imputables au tabagisme, 27 680 à l'alcool, 10 380 à l'exposition au soleil (rayons ultraviolets), 1 384 à la pollution atmosphérique et 346 à une exposition à des substances chimiques dans l'environnement (arsenic dans l'eau de boisson et benzène dans l'air intérieur des habitations). Pour la pollution de l'air, il s'agit bien de toutes les pollutions atmosphériques : celles des habitations, des usines, des feux de bois, des centrales thermiques et de la circulation de tous les véhicules.

Conclusion ? La part des vieux moteurs Diesel, aujourd'hui interdits*, est donc infime.

Pourtant, en 2013 déjà, Delphine Batho, alors ministre de l'Écologie, déclarait que les émanations des moteurs Diesel faisaient en France, chaque année, 42 000 morts ; une année plus tard Cécile Duflot évoquait 44 000 morts

* À supposer d'ailleurs que cette part soit significative, car ces chiffres proviennent des modèles qui ne partent pas de données observées et ne connaissent donc pas l'exposition des victimes éventuelles, pas plus qu'elles ne mesurent les effets relatifs des différents polluants.

précoces par an*. Quant à l'Anses (Agence nationale de sécurité sanitaire de l'alimentation, de l'environnement et du travail), en 2019 elle prétend que « les conséquences sanitaires de l'exposition aux particules entraînent chaque année 48 000 morts dans notre pays[4] ». C'est du grand n'importe quoi. En France, en 2017, 31 815 personnes mouraient d'un cancer des voies respiratoires (larynx, trachée, bronches et poumons) et 10 540 des maladies chroniques des voies respiratoires. Or, outre la fatalité, la première origine de ces décès prématurés est le tabac, pas la pollution de l'air.

1 384 morts (CIRC) ou 48 000 (Anses) ? La question est importante, car l'actuelle maire de Paris, Anne Hidalgo, envisage d'interdire tout moteur Diesel dans la capitale en 2024. Cette décision ne repose semble-t-il sur aucun fondement épidémiologique, même si certaines de ces voitures émettent des gaz qui dépassent les normes de rejets de polluants parce que l'on ne cesse de revoir à la baisse le seuil de ces normes, sans avoir démontré toutefois l'effet toxique de ces émissions, à ce niveau de pollution.

L'Anses doit expliciter ses modes de calcul. Quant au gouvernement et à la Ville de Paris, il serait sage que leur politique s'appuie sur des bases solides : leurs précautions ne sont pas sans effets politiques, financiers et industriels. En

* Pour donner une idée des causes médicales de décès en France, sur environ 540 000 décès en 2011, la première cause est le cancer du poumon (26 900), puis viennent les cancers du côlon et du rectum (16 900), puis le cancer du sein (11 500).

attendant, l'Anses indique, dans son jargon inimitable, que « des interrogations subsistent quant aux effets sanitaires potentiellement associés à la composition de l'aérosol particulaire dont l'évolution au cours des dernières années est vraisemblable[5] ». D'autant que des études récentes (2020) montrent qu'une part importante des particules provient de l'usure des plaquettes de freins, des pneus et de la chaussée bitumée. Les véhicules électriques sont donc aussi polluants que ceux qui fonctionnent au moteur à explosion, essence ou Diesel.

Sans données contraires et en résumé, d'après les sources citées dans cet article, le moteur Diesel rejette moins de gaz carbonique que le moteur à essence. Quant à la mortalité par cancer, la pollution de l'air y contribue beaucoup moins (1 384) que… le Soleil (10 380) ! Il faut d'urgence interdire Paris-Plages !

19

Le retour de la pensée magique

Il y a trois ans, entendant pour la première fois le terme de « biodynamie » chez un vigneron talentueux, j'ai été surpris par ce terme que je découvrais. Étant donné la qualité de son vin, je regrettais de ne pas être capable, tout ingénieur agronome que je fusse, de dire un mot de cette pratique qui paraissait faire des merveilles et qui, me disait-on, était ancienne. Sachant que les grandes découvertes des vingt dernières années portaient sur la microbiologie des sols[1] et celle du tube digestif (le microbiote[2]), je me disais que l'on devait avoir trouvé un moyen de mobiliser la microbiologie des sols.

Le terme me paraissait particulièrement bien choisi : qui ne veut pas être à la fois « bio » et « dynamique » ? Ce qualificatif est d'ailleurs repris comme une qualité remarquable dans de nombreux articles d'œnologie : on y souligne la qualité d'un vin « élevé en biodynamie », mention qui équivaut au « cousu main » du tailleur, un indéniable signe de qualité.

Une brève recherche, résumée depuis dans un excellent

numéro de *Science & Pseudo-Sciences*[3], m'a appris que les bienfaits allégués de la biodynamie n'étaient pas seulement agronomiques, mais pouvaient s'étendre au béton… Ainsi un nouvel adjuvant, le Pneumatit, « restaure le lien du matériau béton avec les flux de la vie, comme lorsque le sang circule à nouveau dans un membre engourdi. Voilà pourquoi le béton avec Pneumatit a un effet bienfaisant et stimule les processus physiologiques humains[4] ». Fichtre ! Malheureusement, il n'en est rien. Jugez-en.

La préparation la plus courante en biodynamie porte le numéro 500, c'est la « bouse de corne ». Pour en fabriquer, rien de plus simple : prendre une corne de bovin, y insérer de la bouse de vache gestante, l'enterrer tout un hiver pour capter les « forces cosmiques » et la « dynamiser ». Pour cela, il faut la diluer et la brasser dans un chaudron en cuivre puis la répandre à raison de 100 grammes par hectare*. Il y a aussi la préparation 501 : la « silice de corne ». Prendre de nouveau une corne de bovin, y insérer du quartz et l'enterrer cette fois-ci pendant l'été, la sortir à l'automne, la diluer dans un chaudron en cuivre et la répandre à raison de 4 grammes par hectare pour rendre les plantes « plus sensibles aux influences du cosmos ». Il est également possible de fabriquer un compost de bouse à laquelle vous aurez ajouté des pissenlits, de la camomille ou des orties qui aupa-

* En agriculture biologique on épand entre 10 et 50 tonnes de fumier par hectare !

ravant auront fermenté dans une vessie de cerf ou un crâne de chat suspendu de six mois à un an avant d'être « dynamisé » dans un chaudron de cuivre et épandu. Il n'est pas précisé à quelle distance des habitations cet épandage est autorisé.

Les plus avancés suivent en outre le calendrier de Maria Thum, mis à jour chaque année. L'édition 2020 de ce best-seller coûtait une dizaine d'euros et vous apprend comment « obtenir de façon naturelle des plantes plus résistantes et des légumes plus savoureux. Le calendrier des semis biodynamiques est à l'origine de tous les calendriers lunaires basés sur les périodes “feuille-fleur-fruit-racine”. [...] On y trouvera les dates favorables pour les semis, les repiquages, les récoltes et tous les travaux concernant les fruits et légumes mais aussi des indications pour l'apiculture, la sylviculture et la viticulture[5] ».

Quant au béton, on ne sait pas ce qu'il y a précisément dans le Pneumatit, si ce n'est des coquilles de fossiles et des métaux, secret de fabrication oblige. Toutefois, « chaque substance est choisie en fonction des forces spécifiques qu'elle introduit dans le béton », et le fabricant assure garder – c'est le moins, mais sans rire – « toujours en perspective l'être humain et le monde qui l'environne ».

Bien entendu, les tenants de ces méthodes prétendent se fonder sur des études « scientifiques ». Maria Thum n'a-t-elle pas « observé » la manière dont poussaient ses radis selon les phases de lune au moment du semis et leur saveur selon la position de l'astre au moment de la récolte ? Les études abondent mais souffrent des biais habituels : différence statistique non significative, sélection des résultats expérimentaux pour ne retenir que ceux qui sont favorables aux prédictions, etc. La contradiction des résultats entre les différents zélotes ne les trouble d'ailleurs pas, ils font alors référence à différentes forces cosmiques : conjonctions de planètes, signes du zodiaque, phases de la lune, distance Terre-Lune… et finissent, grâce au hasard, par trouver une corrélation. Ils l'interprètent alors comme une causalité et renforcent la croyance des partisans.

Jean-Jacques Ingremeau[6] publie une analyse approfondie et détaillée de ces recherches peu rigoureuses et cite un article de *Science*[7] qui montre qu'il n'y a aucune différence entre l'agriculture bio et l'agriculture à la fois bio et biodynamique. Il conclut : « Il apparaît que la biodynamie est un ensemble de croyances dérivées de l'anthroposophie, dont l'analyse scientifique révèle qu'elles sont totalement infondées. »

Il faut en effet remonter à la source de ce mouvement, l'anthroposophie, et à son fondateur Rudolf Steiner, qui a bâti sa philosophie sur un mélange de christianisme, de bouddhisme et d'hindouisme, et s'est appuyé sur une forte croyance en l'influence des astres. Ainsi Jean-Paul Krivine précise que selon cette philosophie « la personnalité des individus serait alors liée au rapport entre quatre forces cosmiques (physique, éthérique, astrale et spirituelle) au cours de la réincarnation[8] ».

L'anthroposophie s'est intéressée non seulement à l'agriculture mais aussi à l'éducation : le mouvement a influencé plusieurs milliers d'établissements scolaires – où se développent plus qu'ailleurs des épidémies de rougeole. Car la vaccination est prohibée par Steiner. Enfin, il pense avoir son mot à dire dans le domaine de la santé. Ainsi le diabète proviendrait d'une « organisation du "Moi" [...] tellement affaiblie qu'elle pénètre dans la sphère astrale et éthérique de telle sorte qu'elle n'est plus en mesure d'appliquer son activité à la substance sucrée[9] ». Jean-Paul Krivine montre que cette pratique est vivace et qu'une préparation à base de gui est notamment préconisée en cas de cancer[10]. Une méta-analyse récente ne trouve « aucune indication pour prescrire du gui aux patients atteints de cancer[11] ». Il conclut : « La médecine anthroposophique se fonde sur une vision mystico-religieuse de l'homme qui n'a pas sa place dans une médecine fondée sur les preuves. Elle [...] porte le risque de détourner les patients d'un traitement efficace ou de les aiguiller sur un mauvais diagnostic. »

Quant au béton que j'allais laisser... De ce côté, là encore, rien de particulier à signaler. Les essais montrent en effet que « lorsque l'on apporte un élément inerte à un béton – et en faible quantité –, cela ne modifie en rien ses propriétés[12] ».

Pourquoi des contemporains de bonne foi croient-ils en ces fariboles ? Pourquoi la puissance publique n'intervient-elle pas, non pour interdire cette croyance pas plus surprenante que d'autres, mais pour expliquer qu'il n'y a pas plus de contenu dans les applications médicales de la biodynamie que dans l'homéopathie ? Pourquoi la beauté, la complexité de la biologie en général et de la physiologie des plantes en particulier n'enchantent-elles pas plus mes contemporains que ces références simplistes à des « forces occultes » ? Pourquoi a-t-on besoin de croire en ces contes païens ? Pourquoi ce réveil de la bonne vieille sorcellerie ? « La force des sorciers n'est pas ce que l'on pense. C'est la crédulité qui fait toute leur science ! » répondait un pamphlet du XVIe siècle dénonçant Nostradamus.

20

Les ruses du mensonge

« La liberté d'opinion est une farce si l'information sur les faits n'est pas garantie et si ce n'est pas les faits eux-mêmes qui font l'objet du débat », écrivait la philosophe Hannah Arendt[1].

Parfois, si l'alarme est tirée à juste titre, comme en matière de surpêche, où les faits sont établis et pour une fois incontestés sur le fond, il ne s'ensuit pas nécessairement que les préconisations des écologistes sont toutes fondées. Ainsi, toujours dans le domaine de la pêche, on peut souhaiter avec eux que les grandes puissances créent une police maritime mondiale qui empêcherait les braconniers d'aller jeter leurs filets dans les eaux poissonneuses du grand Sud, mais en attendant qu'elles s'organisent – ce qui n'est probablement pas demain la veille – il serait sage de prôner le développement de l'aquaculture. Or l'idéologie verte ne peut pas envisager le développement d'une pisciculture raisonnée, surtout quand cet avenir passe par la conception de poissons génétiquement modifiés. Rappelons en passant, pour ceux qui l'ignoreraient, qu'ils le sont déjà ! On retrouve une telle contradiction en matière d'énergie électrique, car si les centrales nucléaires ne rejettent pas de gaz carbonique, les écologistes politiques excluent d'emblée cette solution : ils sont contre par principe.

Quand la liberté d'opinion ne fait plus usage de la raison, restent les invectives, le désespoir et… l'humour, avec lequel il est difficile de se battre tant sont enracinées quelques idées simplistes qui utilisent des raisonnements qui n'ont de logique que l'apparence. Les croyances diffusent, s'installent et deviennent évidentes !

La première arme de l'écologie est la référence permanente à la nature, celle qui a créé les coquelicots et les abeilles. D'accord, mais pourquoi pas celle qui a aussi donné naissance au paludisme, aux mygales et au SARS-Covid-19 ? Ainsi, en analysant la directive européenne qui a pour but de préparer la convention sur la biodiversité[2], les chercheurs Marcel Kuntz et Christian Lévêque débusquent avec talent les clichés de l'élite bureaucratique bruxelloise, qui sont à la fois exemplaires et d'une dangereuse banalité[3].

En effet, la bureaucratie européenne enfonce une première porte largement ouverte lorsqu'elle déclare solennellement que les Européens doivent vivre « en harmonie avec la nature ». Certes, c'est mieux qu'en disharmonie, mais qu'est-ce que « la nature » en Europe ? Est-elle uniforme ? Cette déclaration implique-t-elle que l'Europe revienne toutes affaires cessantes à la forêt primitive, celle que nos ancêtres défrichèrent il y a un millénaire pour faire apparaître futaies*, champs et prairies ? La biodiversité européenne, comme ses paysages, ne sont-ils pas le résultat de longs processus « naturels », au sens où les sols et l'hydrologie le sont, mais aussi « humains », tant les pratiques agricoles ont façonné les paysages et sélectionné les animaux et les plantes qui y vivent ?

Le paysage « naturel » qu'ont voulu préserver les zadistes de Notre-Dame-des-Landes porte essentiellement la marque des pratiques agricoles dans la France de l'Ouest, il y a cinquante ans ! Pourquoi les zadistes voulaient-ils préserver ce paysage-là plutôt qu'un autre, plus ancien ou plus récent ? Doit-on cesser de réguler le Rhône à son embouchure et faire disparaître la Camargue sous prétexte que cet espace a été entièrement façonné par l'homme et est donc totalement « artificiel », même si les flamants roses s'y plaisent ? Peut-on parler de forêt en général et avoir la même politique de la chaude Andalousie à la fraîche Lituanie ?

Peut-on empêcher animaux et plantes de s'adapter au réchauffement climatique ? Et d'ailleurs, quelle est la légitimité de l'Europe en la matière ? Si les agriculteurs et les forestiers façonnent les paysages, ils ne peuvent pas en être seulement les gardiens, ceci pour mille et une raisons. Qui est prêt à payer pour des paysages qui ne seraient qu'« écologiques » ? D'où viendrait notre alimentation ? Qui choisirait la nature du paysage à façonner ?...

---

* Il n'y a rien de moins naturel qu'une futaie de chênes ou de hêtres, pour lesquels il faut des décennies de soins attentifs de forestiers pour qu'ils viennent à maturité.

Ici, en parlant d'eau, d'agriculture, de forêt nous avons montré que les écosystèmes sont toujours le fruit d'un équilibre dynamique.

La situation est paradoxale. En effet, en un demi-siècle en France, la transformation de l'agriculture a libéré plus d'un tiers de la population active des contraintes de la terre en général et de l'élevage en particulier, or ces contraintes sont lourdes.

Ailleurs sur la planète, la famine recule. Le monde aujourd'hui consomme une moyenne de 300 kilos de céréales par habitant. Les Cassandres du Club de Rome se sont dans les années 1970 doublement trompées : d'une part la croissance de la productivité de l'agriculture a été beaucoup plus rapide qu'escompté, d'autre part la baisse mondiale de la natalité a été aussi brutale qu'imprévue.

Pourquoi alors, au nom du bien-être animal ou d'allégations sanitaires infondées en matière d'engrais, d'herbicides et de pesticides, les gouvernements français ajoutent-ils aux normes européennes d'autres normes ? Les productions françaises sont ainsi plus onéreuses, voire impossibles ; les Français l'ont enfin découvert, avec le confinement. Et ceci, pas seulement du fait du coût du travail. La production de fruits et légumes baisse en France, alors qu'elle augmente en Allemagne.

La raison tient, certes, à l'ignorance par les uns de l'activité des autres, mais aussi et surtout au problème du choix des aliments. Il y a soixante-dix ans les repas étaient réglés par des rites religieux et des rythmes familiaux. Aujourd'hui, dès le plus jeune âge, les enfants choisissent leur menu à la cantine. Choisir est angoissant, surtout quand on est omnivore, aussi projetons-nous nos peurs alimentaires sur ceux qui nous nourrissent, d'autant que ces peurs sont aggravées par des conseils farfelus, voire dangereux. D'un côté, on mythifie pour les consommateurs une nature qui n'a jamais existé, l'on vante les bienfaits de produits bio dont on sait qu'ils ne sont pas meilleurs. De l'autre, les agriculteurs subissent des règles insensées, bâties par des politiciens sophistes, voguant sur une mer (d'opinion) aux courants nombreux et changeants. Les responsables politiques se moquent de la production, de la vérité, des faits – on y revient.

L'écologie politique est malthusienne. « Avoir un enfant en moins pour lutter contre le réchauffement climatique », annonce un tweet de l'AFP en octobre 2018. Cette dépêche, pour ne pas dire ce scoop provocateur, est immédiatement reprise et amplifiée par la médiasphère et cela sans analyse, sans commentaires, sans distance et sans le moindre humour. Elle ressemble pourtant à s'y méprendre à une des propositions du programme politique loufoque de l'excentrique Ferdinand Lop qui déclarait, entre autres, que, s'il était élu président de la République en 1974, il supprimerait le dernier wagon des rames de métro !

Comme les prévisions malthusiennes plus anciennes, notamment celles du Club de Rome publiées en 1972, n'ont pas été vérifiées, il a fallu chercher de nouveaux thèmes pour rendre la population sensible à la gravité de la situation. Le réchauffement climatique est devenu la voie privilégiée. En effet, avant l'épidémie du coronavirus, les angles d'attaque de la santé, de la pauvreté et de la faim dans le monde par les écologistes se sont émoussés car ils sont apparus sans fondements : partout l'espérance de vie s'est accrue, la pauvreté a reculé et avec elle la faim dans le monde, alors que, durant cette période, la population mondiale a doublé ! Le réchauffement climatique devenait donc une aubaine pour les journalistes militants (un oxymore parfois !). Ils reprennent en chœur des articles de scientifiques contestés, tout aussi militants. Puis, ces « informations » sont diffusées par d'autres journalistes, qui souvent n'ont pas vérifié leurs sources et ainsi légitiment de prétendus faits, qui ne sont que des slogans, d'autant plus dangereux qu'ils apparaissent sous la forme de vérités.

Pourtant, en relisant l'article malthusien cité par l'AFP dans son tweet, il était facile de constater qu'il s'agissait de marketing politique et pas de climatologie, de propagande écologiste et pas de recherche scientifique. Le but de l'article de Wynes et Nicholas était clair : ils se demandaient comment, en matière de réchauffement climatique, il faudrait peser sur l'esprit des jeunes Canadiens car, disaient-ils, les adolescents sont en position d'établir leur philosophie de vie et sont donc « un important groupe cible pour promouvoir des actions à fort impact ».

Mais Wynes et Nicholas oubliaient de dire que le principal gaz à effet de serre est la vapeur d'eau. Or le cycle de l'eau est mal compris dans ses phases solide, liquide et gazeuse. Pour en juger, il suffit de regarder les prévisions des différents climatologues, qui sont très hétérogènes. Il en est d'ailleurs de même de l'épaisseur de la glace en Arctique en l'an 2100 : dans certains modèles elle aura disparu, dans d'autres elle sera peu différente de son épaisseur actuelle. En outre, s'ils parlaient d'énergie verte, eux aussi oubliaient l'énergie nucléaire dont le public ne sait pas toujours qu'elle ne rejette que de la vapeur d'eau et pas de gaz carbonique.

Quant aux calculs des économies de rejets de CO_2 générées par un enfant en moins (59,8 tonnes de CO_2 par an), ils partaient du rejet global annuel moyen de gaz carbonique des habitants des pays riches. Ils attribuaient alors 50 % du rejet moyen de CO_2 à chaque parent, donc 100 % pour les deux parents, puis ils ajoutaient les petits-enfants potentiels issus de cet « enfant-en-moins », soit un quart par petit-enfant, et ainsi de suite. Sans préciser d'ailleurs le nombre de petits-enfants et d'arrière-petits-enfants qu'ils avaient inclus dans le calcul*. Comme si tout cela était proportionnel, comme si – pour un éventuel troisième enfant – celui-ci devait générer une dépense marginale d'énergie égale à la moyenne, comme si la moyenne des rejets de CO_2 des pays développés avait un sens quand, par exemple, la fabrication de l'électricité en France rejette 5 fois moins de CO_2 par kilowattheure que la fabrication de la même énergie au Portugal… Un pays dont on vante, par ailleurs, les mérites de la politique énergétique. Comme si tout cela était sérieux !…

* Si la suite se prolonge à l'infini (1 + 1/2 + 1/4 + 1/8, etc.), elle converge vers 2. Ce calcul permet à Wynes et Nicholas de doubler les émissions de CO_2 de l'enfant « économisé » en comptant sa descendance potentielle.

Pour ce qui est du rejet de gaz carbonique par l'automobile (2,4 tonnes de CO_2 par an), les auteurs n'imaginaient pas abandonner la seule voiture électrique comme l'a dit la presse française mais abandonner la voiture (« *car free* »), toutes les voitures ! Mais, ainsi que Wynes et Nicholas le remarquaient : « Tant que les émissions associées à un service ne seront pas réduites à zéro, la population continuera à être un multiplicateur de cette émission. » Oui, tant qu'il y aura des voitures, elles circuleront, tant qu'il y aura des hommes, ils vivront et pollueront ; et tant qu'ils ouvriront des portes ouvertes, ils finiront par se faire mal !

Enfin, toujours selon ces auteurs, parce qu'il faut arrêter le massacre, passer à une alimentation végétarienne baisserait de 1,6 tonne à 0,3 tonne par an le rejet de gaz carbonique. Que ferait-on de l'herbe des prairies et des pâturages d'altitude ? Cette végétation ne pourrirait-elle pas en l'absence d'animaux ? S'il n'y a pas de viande, il n'y a pas de lait, pas de yaourt, pas de fromage et pas de beurre ; pour qu'une vache donne du lait, il est utile qu'elle donne naissance à un veau !

Ce n'est pas demain que l'humanité deviendra végétarienne. Dès que les hommes sortent de la pauvreté, la première chose qu'ils achètent c'est de la viande, du poisson et des œufs. Ce qui est à la fois naturel et compréhensible. L'idée de la non-existence du dernier enfant représente l'essence même du malthusianisme. Il est curieux qu'elle apparaisse au Canada qui ne manque pas d'espace, mais d'hommes !

Certes, le nombre d'êtres humains va croître et cette croissance va aggraver les problèmes écologiques, notamment dans les pays du Sud où il n'y a pas assez d'adduction d'eau, de ramassage des ordures et de transports publics. Mais on sait que la natalité baisse quand les femmes sont éduquées et que leur pays leur offre une protection sociale. Quand ce n'est pas le cas, la seule assurance vieillesse, ce sont les nombreux enfants en l'absence de tout système de retraite. Et ce ne sont pas quelques livres pour jeunes Canadiens qui changeront cette vérité. Si, donc, on souhaite une maîtrise de la démographie dans les pays du Sud, on y parviendra en favorisant leur développement économique, en soutenant leurs efforts dans l'éducation, notamment celle des filles, en engageant des programmes de sensibilisation aux différentes méthodes de contraception, en mettant en place des régimes de protection sociale. Le Rwanda semble montrer la voie.

Si plusieurs ouvrages récents ont souligné le clivage entre les élites et le reste de la nation[4], personne ne souligne la coupure au sein de l'élite entre ceux qui ont une formation scientifique et les autres, qui se laissent emporter par les vents dominants. Ce clivage est profond, il est apparu sur le Net à l'occasion de la fermeture du premier réacteur de Fessenheim quand chercheurs et ingénieurs ont demandé – sans être repris et encore moins entendus – pourquoi l'on prenait la décision de fermer une centrale nucléaire en excellent état, alors que cette fermeture a aussi pour conséquence de favoriser les centrales électriques au charbon et d'accroître les rejets de gaz à effet de serre. Ou encore, plus prosaïquement, pourquoi la France se permet de sacrifier les 2 milliards d'euros de recettes de cette centrale. Il est évident que le gouvernement paye un très lourd tribut à cette idéologie car, pour être « vert » ou tout au moins le paraître, il faut être antinucléaire et le montrer, c'est le prix à payer pour le label.

À ce premier clivage s'ajoute un second qui lui est proche. C'est celui entre les malthusiens et les autres, par essence plus progressistes et donc favorables à la croissance économique, car elle seule est compatible avec le maintien du niveau de vie des Occidentaux et l'accumulation de richesses dans les pays émergents.

Faute de formation scientifique, la politique et les médias sont dominés par les sophistes. Dans les gouvernements de François Hollande, il y avait deux médecins mais pas d'agriculteurs, pas d'ouvriers, pas de chefs d'entreprise, pas d'ingénieurs, pas de chercheurs en sciences.

Quant à l'existence de faits bien établis, ils pouvaient être ignorés, la presse n'attirant que trop rarement l'attention du public sur eux. Ainsi François Hollande s'était-il engagé à réduire d'un tiers la contribution des centrales nucléaires à la production d'électricité. Pour y parvenir, il aurait fallu fermer 18 centrales et multiplier par deux le prix de l'électricité. Or, en cinq ans, il n'a pas été capable d'en fermer une. Qui lui a demandé pourquoi ?

La protection, la prudence et leur corollaire qui est l'inaction l'emportent. Les normes pleuvent et, comme elles ne sont pas toujours fondées, pénalisent la production. Un phénomène aggravé par la responsabilité civile et pénale des hauts fonctionnaires en France, ce qui n'est pas le cas au

Royaume-Uni, ni même aux États-Unis où leur responsabilité est uniquement civile. Les grands corps de l'État qui autrefois construisaient les infrastructures publiques ne sont plus des bâtisseurs, l'État n'investit plus. Ce rôle est dévolu pour l'essentiel aux collectivités locales. En revanche, les ingénieurs d'État se contentent de contrôler, ils établissent des normes et, avant tout, se protègent de tout risque de carrière ou de procédure pénale.

Pour véhiculer la peur, les écologistes politiques, fins connaisseurs des médias, savent que leurs lecteurs et auditeurs donnent la priorité aux mauvaises nouvelles et que les chaînes de radio ou de télévision cherchent avant tout à émouvoir (incendie, accident de passage à niveau...).

La peur, quotidiennement entretenue par des images d'inondations, de sécheresse, ou de famines, vient enraciner l'évidence de la démonstration*. Si d'un point de vue géologique ou hydrologique, il n'y a aucune différence entre un phénomène naturel et une catastrophe naturelle, dans le second cas des êtres humains sont touchés par l'inondation, l'éruption volcanique ou le raz de marée... Comme cela produit, sinon de « belles », du moins de spectaculaires images, confortablement assise devant la télévision, une

* C'est l'« effet fort » bien connu des spécialistes des biais cognitifs. Une longue suite d'images de petits ou de grands malheurs, statistiquement peu probables, finit par faire croire qu'on est concerné par l'un des événements, et qu'il a quelque chose de vrai et de très inquiétant pour soi.

partie de l'humanité assiste impuissante à ces drames et est persuadée que la fréquence de tels phénomènes s'amplifie. Toutefois des phénomènes naturels moins puissants que ceux d'hier peuvent produire aujourd'hui plus de catastrophes, car des habitations ont été construites dans des zones inondables ou sur des pentes de volcans, et les croyances simplistes s'enracinent.

Tout homme cherche les faits qui semblent confirmer ses croyances et ignore ceux qui les remettent en cause.

Outre la manipulation des images, l'écologie politique abuse de la confusion entre risque et danger. Qu'il s'agisse d'armes blanches ou d'armes à feu, d'eau de javel ou de désherbant, de glyphosate ou de sel de cuivre, ce n'est pas parce qu'un produit est potentiellement dangereux qu'il fait courir un risque, encore faut-il que quelqu'un veuille se servir de l'arme blanche ou que la dose d'un produit dépasse un certain seuil pour devenir poison.

Tout est toxique à certaines doses, même l'eau : nous ne conseillons à personne d'en boire vingt litres par jour. Or, la détection est devenue tellement précise que l'on peut faire croire que, parce que le produit est toxique à doses infimes, il va l'être aussi à une dose multipliée par un million.

En 2017, l'association écologiste Générations futures prétendait que l'on trouvait des traces de glyphosate dans l'urine de « tous les Français ». Peu importe que le laboratoire qui fit ces analyses ne soit pas certifié, que le nombre de cas soit limité, que les traces prétendues soient infimes, voire plus vraisemblablement inexistantes, le message passe ; le marché du bio se développe et les peurs alimentaires se multiplient. En outre, de ce point de vue, tout ce qui est « naturel » n'est pas nécessairement bon, comme je l'ai rappelé, il y a longtemps, à une ministre de la Santé, adepte des médecines douces, en parlant du tabac, de l'opium et du haschich : « Ça peut faire du mal, même s'il ne s'agit que de plantes ! »

En biologie, mille fois un n'est pas une fois mille. Ainsi, si vous vous laissez tomber dix mille fois de suite un poids d'un gramme sur votre pied, cela sera très agaçant mais vous fera beaucoup moins mal qu'un poids de dix kilos en une seule fois… La dangerosité dépend de la dose.

Ce qui est vrai des masses l'est aussi des échelles de temps. Le vivant, les écosystèmes sont le produit d'une longue, très longue histoire. Ainsi, notre planète n'a pas toujours eu d'oxygène. Il a fallu qu'apparaissent il y a 3,5 milliards d'années des bactéries photosynthétiques utilisant l'énergie de la lumière dont le rejet gazeux – dangereux car très oxydant – était… l'oxygène. L'écosystème de la Terre en a été bouleversé 500 millions d'années plus tard. En changeant d'échelle de temps, après un pas de géant, l'ère quaternaire – qui remonte à moins de 2,5 millions d'années – a connu quatre glaciations, suivies de quatre réchauffements. Le dernier maximum glaciaire est survenu il y a 21 000 ans, la mer était à 130 mètres au-dessous de son niveau actuel. Les eaux se sont mises à monter surtout entre – 16 000 et – 6 000 ans, pour se stabiliser au niveau actuel. Autrement dit, en un siècle de cette période pas si lointaine, la mer montait de 1,3 mètre par siècle. Au XXe siècle, les eaux ont monté de 17 centimètres. Enfin, pour se limiter au seul dernier millénaire, Emmanuel Le Roy Ladurie a montré que le petit âge glaciaire (entre le XIIIe et le XVIIIe siècle) a lourdement pesé sur l'histoire des hommes. Sous la Régence, le vin gelait dans les barriques et la Seine charriait des glaçons. Les grands froids ont fait 2 millions de morts à cette époque, en France.

Aujourd'hui, nous prétendons tirer des conclusions sur des variations statistiques de la température dont les causes ne sont que partiellement connues. Ceci autour d'une moyenne calculée sur quelques décennies d'observations. Mais « normal » et « moyen » ne sont pas des synonymes. Il est tout à fait « normal » qu'il y ait des écarts à la moyenne dans le sens commun du mot « normal » et dans le sens scientifique de la loi de Gauss, dite fort justement « loi normale ». Et la moyenne saisonnière n'est pas la « normale », comme le disent toutes les émissions de météo. Et les écarts à la moyenne sont tout à fait normaux.

Il faut une raison à tout, or l'esprit humain confond concomitance et causalité. Un cas l'illustre : la croyance que les vaccins sont à l'origine des scléroses en plaques. En effet, le nombre de personnes vaccinées chaque année est suffisamment grand pour que la découverte de quelques cas de sclérose en plaques suive de quelques jours ou de quelques semaines l'injection d'un vaccin. Cette triste occurrence est due au hasard, mais de nombreuses associations se sont créées chez les supposées victimes de cet incontestable bienfait, qui ont pensé que cette terrible maladie était la conséquence du vaccin. Certes, il existe des accidents vaccinatoires, ils sont heureusement très peu fréquents, mais la population qui bénéficie du bienfait des vaccins n'en est pas consciente, croyant, jusqu'au drame du Covid-19, qu'il est « normal » de ne pas être atteint par la poliomyélite ou la tuberculose. Il n'existe donc pas de poids médiatique pour contrebalancer la douleur des très rares victimes. En outre, dans une société où tout le monde est vacciné, une personne non vaccinée est protégée par les autres. La somme des intérêts individuels est donc différente de l'intérêt collectif, situation du « dilemme du prisonnier* », dont la conséquence logique est l'obligation vaccinale.

Comme les outils de la santé publique sont méconnus et donc très rarement analysés dans la presse, le public a du mal à comprendre la différence entre un facteur de risque et une cause de décès. Or il n'est pas si simple de calculer l'impact précis de ce que l'on appelle un facteur de risque. On ne meurt pas du tabac – un vrai facteur de risque –, mais du cancer du poumon, de la gorge ou de la bouche, voire de maladie cardiaque causée par l'herbe à Nicot. Fumer est un important

* Dilemme de la théorie des jeux, qui décrit une situation où l'intérêt individuel va à l'encontre des intérêts collectifs.

facteur de risque notamment des cancers des voies respiratoires, mais tous les fumeurs ne meurent pas de ces cancers, et certaines personnes qui en sont atteintes n'ont jamais fumé. Il en est de même du lien entre cirrhose et consommation d'alcool.

Ignorant les contraintes de la recherche scientifique, l'écologie politique laisse croire que les modèles ont la rigueur des expériences. Nous avons vu, en prenant l'exemple de la controverse portant sur l'origine de la prolifération des algues vertes en Bretagne, qu'il était parfois impossible de faire des expériences et que, dans de tels cas, on utilisait des modèles mais qu'ils ne permettaient pas toujours d'aboutir à une conclusion indiscutable.

Pour démontrer que A est la cause de B, il faut mesurer les variations de A et ses effets sur B, toutes choses étant égales par ailleurs. Rien de facile, car dans de nombreux cas ce n'est pas possible. Ainsi, on ne peut pas polluer volontairement une zone géographique pour étudier empiriquement l'effet de tel ou tel polluant. En France, les prétendues dizaines de milliers de morts de la pollution atmosphérique ne sont pas des personnes tangibles, dont on pourrait établir la liste nominale. C'est une estimation imprécise issue de modèles contestables. Pour être fondée, pour être sérieuse, une estimation des effets pathogènes de la pollution atmosphérique devrait – maladie par maladie – distinguer – un par un – les effets de chaque polluant : hydrocarbures, particules de différentes tailles et pas seulement celles qui sont inférieures à 2,5 microns, oxyde d'azote, oxyde de soufre, monoxyde de carbone, ozone, etc. Puis il faudrait en mesurer les conséquences à différentes doses sur chacune de ces maladies. Ensuite – et ce n'est pas le plus facile –, il conviendrait d'estimer l'exposition des différents habitants à chacun de ces polluants afin de calculer le risque relatif d'une exposition donnée. Comme cela n'a pas été étudié, l'OMS arrive à des estimations différentes de celles de Santé publique France, dont les ordres de grandeur sont insensés. Ces résultats contradictoires contribuent à la méfiance de la population, et avec de tels chiffres, si vous émettez un doute sur l'existence de cette hécatombe, on vous répondra de bonne foi qu'« il y en a d'autres qui disent le contraire ». C'est vrai, mais être capable de démontrer en quelques mots la fragilité des hypothèses des uns et le sérieux de celles des autres représente un fossé techniquement et scientifiquement infranchissable !

La confusion soigneusement entretenue n'apparaît pas seulement entre expériences et modèles, mais aussi entre concepts voisins et notamment entre météorologie et climat. L'indéniable réchauffement climatique a bon dos ! Si la température moyenne du globe a augmenté de plus de 1 °C depuis un siècle, les variations météorologiques ont toujours existé et avec elles les saisons très sèches ou très humides et leurs conséquences sur les productions agricoles et les famines.

Comme par le passé, le temps change, les moyennes n'ont rien de « normal » et ne sont toujours que des moyennes. Les relevés météorologiques actuels indiquent que nous sommes toujours dans l'intervalle des variations du dernier millénaire, même si les épisodes extrêmes apparaissent plus fréquents. Mais cela reste à documenter sur le moyen terme.

Le 17 juillet 1852, un journal britannique, le *Hampshire Advertiser* de Southampton, rappelait à ses lecteurs les faits suivants :

> « En 1132, en Alsace les sources se tarirent et les ruisseaux s'asséchèrent. Le Rhin pouvait être traversé à pied.
>
> En 1303 et 1304, la Seine, la Loire, le Rhin et le Danube pouvaient être traversés à pied.
>
> En 1556, il y eut une sécheresse généralisée dans toute l'Europe.
>
> En 1646, il y eut en Europe 56 jours consécutifs de grandes chaleurs.
>
> En 1718, il n'y eut aucune pluie entre les mois d'avril et octobre. Les récoltes furent brûlées, les rivières asséchées et les théâtres fermés à Paris par ordre du préfet de police en raison des températures excessives. Le thermomètre enregistra 36 degrés Réaumur [45 °C] à Paris. Dans les jardins de la banlieue arrosés les arbres fruitiers fleurirent deux fois pendant la saison.
>
> Pendant plusieurs mois il n'y eut aucune pluie.
>
> En 1748, 1754, 1760, 1767, 1778 et 1788, les chaleurs d'été furent excessives.
>
> En 1830, alors que des combats avaient lieu, le thermomètre afficha des températures de 36 °C les 27, 28 et 29 juillet. »

En 1718, selon Emmanuel Le Roy Ladurie, la canicule aurait fait 700 000 morts[5] !

Parallèlement, les épisodes de grands froids des années 1690 à 1710 auraient fait 2 millions de morts en France, sous le règne de Louis XIV.

Pour ce qui est des conséquences écologiques des variations climatiques, là encore, aujourd'hui, on se trompe le plus souvent. Contrairement à ce que reprennent en chœur les écologistes politiques, à commencer par Al Gore[6], le développement des moustiques n'est pas lié à la chaleur, mais à l'eau stagnante. Ainsi, au XIXe siècle, la malaria sévissait au Royaume-Uni et, en France, dans les Dombes, en Sologne, dans les Landes. Ainsi qu'en Corse jusqu'au débarquement américain de 1943, car ils avaient dans leurs bagages le DDT qui fit disparaître les moustiques vecteurs du paludisme de la plaine orientale de l'île.

L'évolution du climat est bien à l'origine du recul des glaciers des Alpes, mais elle n'explique pas les tempêtes de l'hiver 2020, qui n'ont rien d'exceptionnel.

Le mouvement écologique entretient aussi la confusion entre le local* et l'universel, or un écosystème est par essence local et son équilibre dynamique est spécifique à un site précis. Les forestiers, comme les vignerons, savent que

---

* La traduction de l'anglo-américain « *global* » par « global » en français est fausse. « *The globe* », c'est la sphère terrestre, la planète ou le monde chez les Anglo-Saxons. La bonne traduction de « *global* » en français est « mondial ». Le « *global warming* » devrait être traduit par « réchauffement mondial ».

les sols et leurs flores microbiennes varient en quelques mètres. Ils le voient pour les uns dans la diversité de la flore et pour les autres dans la qualité du vin, qui n'est jamais la même alors que le cépage est identique, que la météorologie a été la même et la vinification en tous points semblable. Les Bourguignons appellent cela des « climats ».

Si l'on passe de la flore à la faune, et notamment aux mammifères carnivores placés en haut de la pyramide des espèces, l'échelle change. Ainsi l'on découvre qu'en Europe les loups, dont on suit l'errance grâce aux balises placées sur leur collier, voyagent dans tout le massif alpin, de l'Italie à la Slovénie, faisant dans l'année des milliers de kilomètres. Il en est de même de la transhumance des herbivores en Afrique de l'Est (gazelles, gnous, zèbres, buffles...) suivis par les carnivores (lions, léopards, hyènes...), qui ne sont jamais très loin de leur garde-manger ambulant. Tout ceci pour rappeler une évidence : la défense des écosystèmes, le maintien de la biodiversité doivent être locaux et si, dans certains cas, le local couvre des centaines de milliers de kilomètres carrés, dans d'autres, ce sera à peine un hectare.

Pour conserver à l'état sauvage les grands singes menacés en Afrique et en Asie, il faut encourager leurs pays à maintenir l'habitat de ces espèces sur de vastes zones, les aider à lutter contre le braconnage, voire demain les rémunérer au titre de gardiens de la biodiversité planétaire. Un jugement moral ne suffit pas. Au nom de quoi empêcherait-on les gens de cultiver des roses au Kenya et des palmiers à l'huile en Indonésie sous prétexte qu'y vivent des animaux sauvages remarquables ? Qui nourrira les habitants de ces pays ? Comment feront-ils pour acquérir des devises afin d'acheter, notamment, des téléphones portables qui ne sont pas produits sur place ? Ce n'est donc pas en bannissant le Nutella en France que l'on interrompra la destruction de la forêt tropicale en Asie pour planter ce palmier si productif en huile et en tourteau*. L'huile trouvera toujours un marché, ne serait-ce que celui des biocarburants.

Comme le public ignore la nature des conventions scientifiques en matière de preuve**, les écologistes en abusent. Pour rechercher la toxicité d'un produit chimique, détergent, antiseptique, herbicide, fongicide, médicament, on mesure son effet potentiel sur des dizaines de variables biologiques qui définissent l'activité du cœur, des poumons, du cerveau, des muscles, des organes génitaux, etc. Ces études se font d'abord chez les rongeurs, où l'on compare des animaux de la même espèce, du même élevage entre d'une part ceux qui ont ingéré une certaine dose de ces produits et les autres qui ont eu une nourriture « normale ». Quand on trouve une association statistique, qu'elle

* Les rendements en huile du palmier sous climat tropical sont souvent quatre fois supérieurs aux rendements de nos champs de colza. Il faut donc défricher quatre fois plus d'hectares en France pour produire la même quantité d'huile qu'en Malaisie ou en Afrique équatoriale.

** Le débat sur l'éventuelle efficacité de l'hydroxychloroquine l'a encore montré !

soit bénéfique ou néfaste, entre ces deux catégories, l'usage est de dire qu'il y a une probabilité de 95 % que l'effet constaté ne soit pas dû au hasard, mais cela veut dire aussi qu'il y a 5 % de chances que l'effet constaté soit dû au hasard.

Toutefois, il s'ensuit que si l'étude teste plus de 20 paramètres, la probabilité de trouver un effet dû au hasard pour l'un de ces paramètres est très élevée. Cette corrélation pourra apparaître du fait de la variabilité inhérente au vivant. Il faut donc au moins une autre étude, sur un autre échantillon, pour penser que la relation constatée existe bel et bien, qu'elle est reproductible. Or de nombreuses ONG, dont Générations futures, se réfèrent à des listes élaborées par une ONG (TEDX) n'ayant aucun mandat officiel pour cela et qui inclut tout produit dont une étude a découvert un effet, même si elle n'a jamais été répliquée.

Depuis des dizaines d'années, la communauté scientifique regrette que l'on ne réplique pas systématiquement les études toxicologiques, tant il arrive souvent que l'on trouve qu'elles ne sont pas réplicables quand elles sont répliquées !

Le mouvement écologiste abuse aussi d'un vieux sophisme appelé la « preuve diabolique ». Ce terme remonte au Moyen Âge, quand les moines de l'Inquisition demandaient à leurs proies de démontrer qu'ils n'étaient pas coupables, preuve que leurs malheureuses victimes ne pouvaient pas donner. Ils le savaient, c'était diabolique ; et pour leurs victimes, mortel.

Dans les débats, les écologistes politiques demandent en effet de démontrer, par exemple, que jamais les ondes électromagnétiques n'auront d'effet sur la santé. Tout est dans le « jamais », or c'est logiquement impossible, ni plus ni moins, de démontrer – exemple idiot – que les lunettes seraient dangereuses pour la santé sans préciser, bien entendu, en quoi elles pourraient l'être. Le grand philosophe des sciences Karl Popper[7] considérait qu'un propos n'était scientifique que si l'on pouvait démontrer qu'il était faux. Ainsi l'on peut démontrer que les lunettes ne créent pas de cancer à la racine du nez, mais on ne pourra jamais démontrer qu'elles n'auront jamais aucun effet sur rien car on ne peut pas tout tester !

Nous avons vu que les écologistes politiques ont en la matière leurs cibles favorites : l'énergie nucléaire, les pesticides agricoles, les additifs alimentaires… En revanche ils évitent de parler des produits antimoustiques que l'on étale sur la peau ou des décoctions d'herbes et autres tisanes naturelles très peu hygiéniques et à la teneur en toxines non spécifiée et souvent très élevée. La puissance publique se sent alors obligée d'ajouter des normes aux normes !

En l'absence d'arguments, les écologistes politiques sortent leur arme universelle, leur couteau suisse : le principe de précaution. Pourtant, une fois encore, durant l'épidémie du coronavirus, ce principe a montré son absolue inutilité, car il ne dit pas comment agir quand un phénomène est incertain. L'article 5 de la Charte de l'environnement dispose en effet que « lorsque la réalisation d'un dommage, bien qu'incertaine en l'état des connaissances scientifiques, pourrait affecter de manière grave et irréversible l'environnement, les autorités publiques veillent, par application du principe de précaution et dans leurs domaines d'attributions, à la mise en œuvre de procédures d'évaluation des risques et à l'adoption de mesures provisoires et proportionnées afin de parer à la réalisation du dommage ».

Cette pandémie a montré qu'il n'était pas possible de proportionner des mesures à un phénomène incertain. On comprend alors pourquoi, sous la même menace, les décisions ont fortement varié d'un pays à l'autre, même si tous cherchaient à protéger leur population. Dans de tels cas, il y a implicitement, ou explicitement, d'autres critères que la seule « précaution » qui entrent en jeu ; ainsi, en France, le gouvernement a aussi tenu compte des dimensions politiques, économiques et sociales de cette épidémie et pas seulement de sa dimension médicale, sur laquelle d'ailleurs, pas plus que d'autres, il ne savait comment agir.

Certes, dans le principe de précaution, on peut se féliciter de la procédure d'évaluation des risques, aussi essentielle que banale, mais en Chine ou dans l'État de New York, il n'a pas été nécessaire de faire voter un principe, fût-il de précaution, pour prendre des mesures en cas d'incertitude. Dans de telles circonstances, il s'agit toujours d'arbitrer entre différents risques (« *risk trade-off* »), sans donc tout sacrifier à la seule dimension médicale, même si elle est essentielle. On voit d'ailleurs que ce type de raisonnement est aussi celui des médecins italiens, qui donnèrent la priorité de leurs soins à ceux qui, potentiellement, pouvaient en bénéficier le plus. Ils appliquaient là l'essence du raisonnement de la médecine d'urgence, toujours mis en œuvre en situation de crise humanitaire, en temps de guerre et, en France, lors de catastrophe de Furiani. Le jour où l'écroulement d'une tribune dans un stade bondé au sud de Bastia fit des morts et de très nombreux blessés, les médecins durent faire le tri entre ceux qui pouvaient attendre et ceux qui nécessitaient une intervention immédiate.

Jean de La Fontaine, dans la fable *L'Astrologue qui se laisse tomber dans un puits*, mettait déjà en évidence une contradiction fondamentale de ce système de croyances : « Or du hasard il n'est point de science / S'il en était, on aurait tort / De l'appeler hasard, ni fortune, ni sort / Toutes choses très incertaines ».

Enfin, ayant manipulé l'opinion, les écologistes utilisent celle-ci pour conforter leur pouvoir et entraîner les gouvernants dans des voies sans issue. Mais « tout le monde le croit », argumentent-ils ; et, comme le disait Coluche, « c'est pas parce qu'ils sont nombreux à avoir tort qu'ils ont raison ». Les croyances, ces opinions intimes qui excluent le doute, semblent avoir une vie autonome et survivre malgré leur fragilité. Elles naissent, se développent quand elles trouvent un milieu favorable et, en changeant notre perception du monde, peuvent changer le monde. Pourtant, il y a plus de soixante-dix ans, les travaux de l'équipe de Paul Lazarsfeld à l'université Columbia montraient qu'à l'exception du comportement électoral, le lien entre opinion et comportement était ténu et que l'on avait plus souvent l'opinion de ses comportements que le comportement de ses opinions. Et puis, avoir une opinion n'implique pas qu'elle soit fondée !

Les Américains se croient en bonne santé, mais ce n'est pas le cas des Japonais, qui pourtant se portent mieux : il y a cinq années de différence d'espérance de vie à la naissance en faveur des Japonais. Il en est de même de la compétence en mathématiques : les Américains s'estiment bien formés mais ne le sont pas, et les Japonais, là encore, sont meilleurs. Enfin, si les Françaises sont plus pessimistes que les Danoises, elles donnent naissance à un nombre plus élevé d'enfants et témoignent ainsi, *de facto*, d'une foi en l'avenir. On observe donc une dissociation entre les convictions explicites et les croyances implicites.

Ces remarques ne font que souligner la nécessité d'être très circonspect dans l'interprétation de toutes les opinions et elles laissent entrevoir la difficulté d'analyser des distorsions entre croyances et savoirs, les croyances permettant de ne pas avoir à fonder pensée et action sur des faits. Cet écart s'est encore creusé avec Internet, qui favorise la création d'un « oligopole cognitif » pour reprendre l'expression de Gérald Bronner[8]. Les moteurs de recherche contribuent en effet à l'apparition de ce qu'il appelle une « démocratie des crédules », et non à une popularisation des savoirs comme on aurait pu l'espérer. Les croyants publient, les croyants agissent, les croyants argumentent quand les scientifiques ne passent guère de temps à réfuter leurs idées farfelues*. Jusqu'au moment où ces idées farfelues deviennent dangereuses, mais il est alors bien tard. Or les algorithmes des moteurs de recherche draguent cette bouillie intellectuelle et la font remonter à la surface. Quant à l'accès de tous au savoir, c'est une condition nécessaire pour que tous puissent se forger une opinion, mais elle est loin d'être suffisante !

En octobre 2019 est apparue une forme très innovante de manipulation : la Convention citoyenne pour le climat, panel de 150 personnes représentant sociologiquement la diversité de la population française, paraît-il. Elle avait pour mandat « de définir une série de mesures permettant d'atteindre une baisse d'au moins 40 % des émissions de gaz à effet de serre d'ici 2030 (par rapport à 1990), dans un esprit de justice sociale ». Plusieurs thèmes ont structuré leurs 149 recommandations : se déplacer, consommer, se loger, produire/travailler, se nourrir. La 150e proposition, qui proposait de passer la durée hebdomadaire du travail à 28 heures, a été, *in extremis*, retirée !

La légitimité de ces 150 personnes tirées au sort parmi 300 000 volontaires était, dès l'origine, on ne peut plus discutable.

Durant les travaux de la convention, organisés en cinq sections, les 150 participants ont écouté 107 interventions, dont le but était d'exposer à des personnes ignorantes du

* Ils n'en argumentent pas moins les uns avec les autres.

sujet la problématique du climat et les solutions envisageables, laissant aux participants la rédaction de recommandations pour que la France contribue de manière significative à la lutte contre le réchauffement climatique.

Afin de saisir l'enjeu du choix des intervenants-experts de cette convention, il importe de rappeler que la mission de la convention n'était pas de traiter de ces thèmes, mais de s'intéresser à l'énergie requise pour se déplacer, consommer, etc., d'établir la consommation d'énergie de chacune de ces fonctions et ensuite d'étudier l'impact éventuel des sources de l'énergie consommée par lesdites fonctions sur le climat. Il y a donc deux sauts conceptuels : le premier entre la fonction – par exemple celle de se nourrir – et l'énergie nécessaire pour cette fonction, pas seulement pour la France mais pour l'humanité ; puis un deuxième saut pour évaluer l'impact de chaque source d'énergie sur le climat.

Estimer ou modéliser ces deux transitions n'est pas simple. Prenons l'exemple de la perte d'énergie dans les logements et oublions un instant que l'isolation va accroître la pollution interne et favoriser le développement des acariens et donc des allergies. Du seul point de vue des rejets de CO_2 donc, un logement mal isolé, grand consommateur d'énergie, n'augmentera en rien les rejets de gaz à effet de serre s'il est chauffé par des radiateurs dont l'électricité est fournie par une centrale nucléaire ou un barrage hydroélectrique. Son isolation réduira certes la note d'électricité des habitants, mais n'aura aucun effet sur les rejets de gaz carbonique de la planète. Faut-il alors limiter l'aide publique à ceux qui sont chauffés au gaz ou au fuel domestique ou baisser le prix du chauffage électrique dans un pays qui, comme la France, produit 90 % de son électricité par des sources décarbonées ? Cette éventuelle solution n'a pas été présentée notamment parce que le premier commandement de l'écologie politique est toujours antinucléaire.

À partir de la liste des intervenants et de la description de leurs fonctions ou compétences, il était possible de les classer. Comme toute classification unidimensionnelle, elle peut être discutée à la marge, on peut en effet être à la fois un haut fonctionnaire et un scientifique. Le critère retenu ici est celui de la fonction indiquée par les organisateurs et, en cas de doute, Internet offre pour chacun des éléments de leur bibliographie. Il se peut que demeurent une ou deux erreurs de classement, mais la liste suivante est surprenante.

Sont intervenus 1 ministre, 2 élus, 11 hauts fonctionnaires, 2 militants associatifs, 15 partenaires sociaux, 14 juristes et politistes, 13 économistes, 3 sociologues, 13 militants d'associations écologiques, 18 représentants du monde des affaires, 10 scientifiques, 2 architectes, 2 journalistes, 1 prospectiviste. La catégorie « scientifique » regroupe aussi les ingénieurs ; si on leur ajoute les architectes et le prospectiviste, ils ne sont que 13 sur 107, dont un seul spécialiste de l'énergie. Pour les autres, on décompte notamment un forestier, un chercheur en écologie marine, une agronome spécialiste des États-Unis, un paléoclimatologue, un agroécologiste, une écophysiologiste végétale… Pas de physicien nucléaire, pas de chercheur à EDF, pas de climatologue, pas de météorologiste, pas de démographe, pas de membre de l'Académie des sciences, pas de membre de l'Académie des technologies, pas de nutritionniste... Et seule une représentante de l'Académie d'agriculture.

En revanche les « experts » du monde associatif ont été nombreux : il y a eu trois intervenants de la Fondation Nicolas Hulot, dont Nicolas Hulot lui-même, puis des représentants de Greenpeace, des Amis de la Terre, du WWF, des défenseurs de l'agriculture bio, des associations moins connues mais militantes comme Zero Waste, Résistance à l'agression publicitaire, Un Plus Bio...

Dans la catégorie des partenaires sociaux, on trouve aussi des gens engagés comme la Confédération paysanne et un Gilet jaune, dont on ne sait pas comment il a été sélectionné. Pour ce qui est du monde des affaires, on découvre aussi des partisans des produits bio comme Biocoop, ou un grand distributeur comme Système U, qui voit dans le bio une belle source de marge. Le monde du bio était particulièrement bien représenté si on cumule les intervenants de la grande distribution, les producteurs, les associations de consommateurs et les écologistes. Les énergéticiens comme Engie n'étaient pas non plus totalement indépendants, car ils bénéficient de la manne du financement des énergies alternatives et plus généralement de la dérégulation du marché de l'électricité en Europe. Quant aux deux journalistes, ils exercent leurs talents dans *Alternatives économiques*, publication bien faite mais engagée et farouche critique du prétendu néolibéralisme au pouvoir.

Les économistes comme les sociologues pourraient regretter de ne pas avoir été classés dans la catégorie des « scientifiques », mais les sciences sociales ont toujours été très marquées par leurs axiomes, pour ne pas dire leur idéologie. Il existe des économistes libéraux et des économistes marxisants ; il y a aussi aujourd'hui des économistes écologisants et des économistes apôtres de la décroissance. Ils furent invités. Outre les représentants des partenaires sociaux, viennent de nombreux juristes dont le sujet n'est jamais la vérité scientifique, puis des hauts fonctionnaires en service commandé et deux élus. Les participants auront écouté des interventions qui, dans leur grande majorité, étaient celles de l'écologie politique et portaient un discours qui n'était pas celui des sciences de la nature. On peut être préoccupé par le fait que le président de la République a repris et décidé de mettre en œuvre 146 propositions – sur 149 ! – nées de cette grandiose manipulation.

Des membres de l'Académie des sciences auraient pu parler du climat, de l'énergie et de la physique de l'atmosphère, et ceux de l'Académie des technologies, du logement, de la mobilité, de l'alimentation et de la production en général. Il est vrai que ces Académies ne sont guère appréciées lorsqu'elles remettent en cause les déclarations des écologistes politiques que l'on retrouve en général sans aucun esprit critique dans les médias. La nouvelle religion, l'écologisme, excommunie les mal-pensants. Elle a la capacité de museler ou de rejeter dans les ténèbres de l'ignorance médiatique ceux qui contestent leurs croyances. C'est une incontestable victoire de l'écologisme qui s'est manifestée dans la Convention citoyenne et dans les urnes. Combien coûtera-t-elle à la France et aux Français ? On en aura assez vite une idée.

Notes

Introduction

1. Molière, *Le Malade imaginaire*, acte III, scène 10.

2. Pascal Engel, *Les Vices du savoir. Essai d'éthique intellectuelle*, Agone, 2019.

3. Hans Jonas, *Das Prinzip Verantwortung* (1979), paru en français sous le titre *Le Principe responsabilité. Une éthique pour la civilisation technologique*, Le Cerf, 1990.

4. Berthé Dominique Henri, blog de Mediapart, 21 décembre 2017, https://blogs.mediapart.fr/berthe-dominique-henri/blog/081217/vite-une-dictature-ecologique-par-un-gouvernement-mondial.

5. Seth Wynes, Kimberly A. Nicholas, « The climate mitigation gap : Education and government recommendations miss the most effective individual actions », *Environmental Research Letters*, vol. 12, n° 7, 12 juillet 2017, https://iopscience.iop.org/article/10.1088/1748-9326/aa7541.

6. France Inter, « La Matinale », 22 août 2019.

7. Luc Ferry, *Le Nouvel Ordre écologique*, Grasset, 1992.

8. https://fr.wfp.org/communiques-de-presse/rapport-de-lonu-la-faim-dans-le-monde-persiste-alors-que-lobesite-continue-de.

DÉRIVES ÉCOLOGIQUES

1. Qui a dit qu'on allait manquer d'eau ?

1. Météo France, « Pluies extrêmes en France métropolitaine », http://pluiesextremes.meteo.fr/france-metropole/Evenements-paroxystiques.html.

2. Alain Pelosato, « Une petite histoire des crues du Rhône », http://www.ecologie-et-progres.com/crue.htm.

3. Ce n'est pas pour l'instant établi de manière consensuelle au sein de la communauté scientifique. En revanche, tous les spécialistes constatent une hausse de la pluviométrie, partout dans le monde. Une conséquence du réchauffement qui accroît mécaniquement l'évaporation, puis les pluies.

4. Chiffres du Bureau de recherches géologiques et minières (BRGM).

2. Des incendies très politiques

1. Wikipédia, « Amplitude thermique », https://fr.wikipedia.org/wiki/Amplitude_thermique.

2. Roy Lewis, *Pourquoi j'ai mangé mon père* (1960), dernière édition : Pocket, 2012.

3. Interview de Martine Droulers par Pablo Mengy, « Ces incendies en Amazonie ne sont pas nouveaux », *L'Obs*, 23 août 2019, https://www.nouvelobs.com/planete/20190823.OBS17479/ces-incendies-en-amazonie-ne-sont-pas-nouveaux.html. Martine Droulers, chercheuse émérite au CNRS, est responsable de l'équipe Brésil au Centre de recherche et de documentation sur les Amériques (CREDA).

3. La biodiversité a la vie dure !

1. « Un million d'espèces menacées. Peut-on encore les sauver ? », *Le Figaro*, 7 mai 2019. https://fr.scribd.com/document/410022242/lefigaro070519-PDF.

2. R. Ferrière, B. Cazelles, « Universal power laws govern intermittent rarity in community of interacting species », *Ecology*, vol. 80, nº 5, 1999, https://esajournals.onlinelibrary.wiley.com/doi/abs/10.1890/0012-9658 %281999 %29080 %5B1505 %3AUPLGIR%5D2.0.CO%3B2.

3. Edward Wilson, *La Diversité de la vie*, Odile Jacob, 1993.

4. Philippe J. Dubois, *Vers l'ultime extinction ? La biodiversité en danger*, préface de Nicolas Hulot, La Martinière, 2004.

5. WWF, « Living Planet report 2016 », https://d2ouvy59p0dg6k.cloudfront.net/downloads/lpr_2016_summary_high_res.pdf.

6. Pourcentage à prendre avec grande précaution.

7. Alain Pavé, *Comprendre la biodiversité. Vrais problèmes et idées fausses*, Le Seuil, 2019.

4. Les abeilles, adeptes de Darwin

1. Gaëlle Dupont, « Le mystère de la disparition des abeilles reste entier », *Le Monde*, 19 février 2008, https://www.lemonde.fr/planete/article/2008/02/18/le-mystere-de-la-disparition-des-abeilles-reste-entier_1012709_3244.html.

2. Claude Belmont, « La démoustication du littoral méditerranéen inquiète », *Le Figaro*, 2 mai 2008, https://www.lefigaro.fr/actualites/2008/05/02/01001-20080502ARTFIG00241-la-demoustication-du-littoral-mediterraneen-inquiete.php.

5. La surpêche, terrible réalité

1. Dernière année pour laquelle on dispose de statistiques mondiales…

2. D. Sergent, « L'albatros, allié précieux contre la pêche illégale », *La Croix*, 24 février 2020, https://www.la-croix.com/Sciences-et-ethique/Sciences-et-ethique/Lalbatros-allie-precieux-contre-peche-illegale-2020-02-24-1201080165.

6. La forêt, autre victime de l'ignorance ambiante

1. Y. Paillet, L. Berges, « Naturalité des forêts et biodiversité : une comparaison par méta-analyse de la richesse spécifique des forêts exploitées et non exploitées en Europe », *in* D. Vallauri, J. André, J.-C. Génot, J.-P. De Palma, R. Eynard Machet (éd.), *Biodiversité, naturalité, humanité. Pour inspirer la gestion des forêts*, Technique et Documentation Lavoisier, 2010.

2. Gaspard d'Allens, *Main basse sur nos forêts*, Le Seuil, 2019.

3. Une vidéo tournée pour l'émission « Sur le front » (France 2) est visible sur le compte Facebook de l'association Canopée, https://www.facebook.com/canopee.foretsvivantes/.

4. Association Canopée, pétition « Stop aux coupes rases », https://www.canopee-asso.org/raslacoupe/.

PROCÈS D'INTENTION

7. Nourrir 9 milliards d'êtres humains

1. « Quinze mille scientifiques alertent sur l'état de la planète », tribune, *Le Monde*, 13 novembre 2017, https://www.lemonde.fr/pla

nete/article/2017/11/13/quinze-mille-scientifiques-alertent-sur-l-etat-de-la-planete_5214199_3244.html.

2. En marche !, « Climat : Qu'est-ce qu'il se joue réellement aujourd'hui au niveau mondial ? », 21 septembre 2017, https://en-marche.fr/articles/actualites/climat-ce-qui-se-joue-aujourd'hui.

3. Organisation des Nations unies pour l'alimentation et l'agriculture, « Évaluation des ressources forestières mondiales 2015 », rapport, http://www.fao.org/3/a-i4808f.pdf.

4. Interview par T. Mahler, « Comment résister aux charlatans », *Le Point*, 14 mars 2019.

8. De l'eau volée par les riches ?

1. *La Recherche*, n° 370, 1er décembre 2003.

2. A. Y. Hoekstra (éd.), « Virtual water trade : Proceedings of the International Expert Meeting on Virtual Water Trade », *Value of Water Research Report Series*, n° 12, Unesco-IHE, Delft (Pays-Bas), 2003.

3. L'eau « consommée » devient seulement « nécessaire »... Puis en tête de colonne : « utilise un volume ». Quelle différence entre « consommée », « nécessaire » et « utilise » ?

4. Centre d'information sur l'eau, « Eau virtuelle et empreinte eau, qu'est-ce que c'est ? », https://www.cieau.com/le-metier-de-leau/ressource-en-eau-eau-potable-eaux-usees/eau-virtuelle-empreinte-eau-quest-ce-que-cest/.

5. France Info, « Produire de la viande consomme beaucoup d'eau, alerte l'association L214 », 8 août 2018, https://www.francetvinfo.fr/animaux/bien-etre-animal/maltraitance-dans-les-abattoirs/produire-xde-la-viande-consomme-beaucoup-d-eau-alerte-l-association-l214_2887257.html.

6. INRAe, « Quelques idées fausses sur la viande et l'élevage »,

19 décembre 2019, https://www.inrae.fr/actualites/quelques-idees-fausses-viande-lelevage.

7. Voir Pascal Bruckner, *Le Fanatisme de l'Apocalypse. Sauver la Terre, punir l'homme*, Grasset, 2011.

9. Controverse autour des plages bretonnes

1. Association française pour la production fourragère, R. Giovanni, J.-P. Dulphy, « Prairies multispécifiques. Valeur agronomique et environnementale (2e partie) », *Fourrages*, n° 195, 17 novembre 2008, https://afpf-asso.fr/revue/prairies-multispecifiques-valeur-agronomique-et-environnementale-2e-partie?a=1715.

2. G. Barroin, « Limnologie appliquée au traitement des lacs et des plans d'eau », *Les Études des agences de l'eau*, n° 62, Inra Thonon-les-Bains, 1999, http://www.side.developpement-durable.gouv.fr/ACCIDR/doc/SYRACUSE/183960/limnologie-appliquee-au-traitement-des-lacs-et-des-plans-d-eau?_lg=fr-FR.

3. CNRS, « Restitution de l'expertise scientifique collective sur l'eutrophisation », 20 septembre 2017, http://www.cnrs.fr/fr/restitution-de-lexpertise-scientifique-collective-sur-leutrophisation.

4. Christian Buson (dir.), *Réponse à l'écologisme*, L'Harmattan, 2016.

5. Association française pour l'information scientifique, « Les algues vertes sur le littoral breton : vers la fin d'une controverse ? », 3 juin 2020, https://www.afis.org/Les-algues-vertes-sur-le-littoral-breton-vers-la-fin-d-une-controverse.

10. Icônes vertes

1. T. D. Searchinger, S. Wirsenius, T. Beringer, P. Dumas, « Assessing the efficiency of changes in land use for mitigating climate

change », *Nature*, n° 564, 2018, https://www.nature.com/articles/s41586-018-0757-z.

2. M. Cherki, « Le rôle des terres minoré pour lutter contre le réchauffement climatique », *Le Figaro*, 13 décembre 2018, https://www.lefigaro.fr/sciences/2018/12/13/01008-20181213ARTFIG00266-le-role-des-terres-minore-pour-lutter-contre-le-rechauffement-climatique.php.

3. J. Bengtsson, J. Ahnström, A.-C. Weibull, « The effects of organic agriculture on biodiversity and abundance : a meta-analysis », *Journal of Applied Ecology*, n° 42, 2005, https://besjournals.onlinelibrary.wiley.com/doi/full/10.1111/j.1365-2664.2005.01005.x.

4. K. Mondelaers, J. Aertsens, G. Van Huylenbroeck, « A meta-analysis of the differences in environmental impacts between organic and conventional farming », *British Food Journal*, vol. 111, n° 10, 2009, https://biblio.ugent.be/publication/682772.

5. *Swedish Market Basket Survey 2015. Per capita-based analysis of nutrients and toxic compounds in market baskets and assessment of benefit or risk*, rapport, 2017, https://www.livsmedelsverket.se/globalassets/publikationsdatabas/rapporter/2017/swedish-market-basket-survey-2015-livsmedelsverkets-rapportserie-nr-26-20172.pdf?AspxAutoDetectCookieSupport=1.

6. H.M.G. van der Werf, M.T. Knudsen, C. Cederberg, « Towards better representation of organic agriculture in life cycle assessment », *Nature Sustainability*, vol. 3, 2020, https://www.nature.com/articles/s41893-020-0489-6.

11. « Manger bio protège notre métabolisme ! »

1. Générations futures, « Manger bio protège notre métabolisme ! », 28 septembre 2017, https://www.generations-futures.fr/actualites/manger-bio-protege-metabolisme/.

2. Marc-André Selosse, *Les Goûts et les couleurs du monde. Une histoire naturelle des tannins, de l'écologie à la santé*, Actes Sud, 2019.

3. B. N. Ames, M. Profet, L. Swirsky Gold, « Dietary pesticides (99.99 % all natural) », *Proceedings of the National Academy of Sciences*, vol. 87, 1990, http://jimlund.org/blog/pics/pnas01044-0440.pdf.

12. Le grand danger de la viande rouge !

1. Harris Interactive, « La confiance des Français dans la science », 5 juillet 2019, https://harris-interactive.fr/opinion_polls/la-confiance-des-francais-dans-la-science/.

2. France 2, « Alimentation : une campagne pour interdire les nitrites », 20 novembre 2019, https://www.francetvinfo.fr/sante/alimentation/alimentation-une-campagne-pour-interdire-les-nitrites_3711511.html.

3. Interview de Denis Corpet par Sylvie Berthier, « Charcuterie, viande rouge, cancer », http://fcorpet.free.fr/Denis/Viande-Cancer.html.

4. EFSA, « L'EFSA confirme les niveaux de sécurité pour les nitrites et les nitrates ajoutés aux aliments », 15 juin 2017, https://www.efsa.europa.eu/fr/press/news/170615-0.

5. Pour cette estimation, nous allons résoudre une équation à une inconnue, cela nous rajeunira ! Il existe d'une part des Français qui meurent de cancer colorectal et qui ne sont pas « des consommateurs très carnivores ». Ils représentent, toujours selon Corpet, 80 % de la population, leur risque est de 1. D'autre part, chez les 20 % qui sont des « consommateurs très carnivores », le risque passe de 1 à 1,18. Nous savons que la somme des décès des « consommateurs très carnivores » et de tous les autres est de 17 117, les infortunés morts de ces cancers. Si l'on appelle P la population française et *y* le risque dans cette population

de mourir d'un cancer colorectal, on sait que : 0,8P*y* + 0,2P × 1,18*y* = 17 117. Ce qui s'écrit aussi : 1,036P*y* = 17 117. Le nombre de décès dus à la consommation de viande est donc : 0,036 × 17117/1,036, soit : 595.

6. J.-M. Bourre, C. Buson, J.-L. L'Hirondel, « Nitrates, nitrites, oxyde nitrique (NO) : nouvelles perspectives pour la santé ? », *Médecine & Nutrition*, vol. 47, n° 2, 2011, https://www.medecine-nutrition.org/articles/mnut/abs/2011/02/mnut1120001/mnut1120001.html.

7. A.E. Carroll, T.S. Doherty, « Meat consumption and health : Food for thought », *Annals of Internal Medicine*, 19 novembre 2019, https://www.acpjournals.org/doi/10.7326/M19-2620.

13. Consommateur éclairé recherche nourriture équilibrée

1. Comité interministériel pour la santé, « Rester en bonne santé tout au long de sa vie », dossier de presse, 25 mars 2019, https://solidarites-sante.gouv.fr/IMG/pdf/dp_cis_2019_vdef_pages.pdf.

2. Marian Apfelbaum, Raymond Lepoutre, *Les Mangeurs inégaux*, Stock, 1978.

3. Pier Vincenzo Piazza, *Homo biologicus*, Albin Michel, 2019.

4. *Ibid.*, p. 172 et 173.

5. Claude Fischler, Estelle Masson, « Et si partager était moins problématique que choisir ? Approche comparative transculturelle du rapport à l'alimentation », *Cholé-doc*, n° 107, mai-juin 2007.

14. Les OGM, un indéniable progrès !

1. Stéphane Le Foll, ministre de l'Agriculture, 2 août 2013.

2. Fondation pour la nature et l'homme, « Pourquoi les OGM

sont-ils mauvais ? », 9 novembre 2017, http://www.fondation-nature-homme.org/magazine/pourquoi-les-ogm-sont-mauvais.

3. T. Kyndt, D. Quispe *et al.*, « Sweet potato : A naturally transgenic food crop », *Proceedings of the National Academy of Sciences*, vol. 112, n° 18, 2005, http://www.pnas.org/content/112/18/5844.full.

4. C. Snell *et al.*, « Assessment of the health impact of GM plant diets in long-term and multigenerational animal feeding trials : A literature review », *Food and Chemical Toxicology*, vol. 50, n° 3-4, 2012, https://www.sciencedirect.com/science/article/abs/pii/S0278691511006399?via=ihub.

5. A. Heitz, « Riz doré : la scandaleuse escalade de Greenpeace », *Contrepoints*, 22 février 2020, https://www.contrepoints.org/2020/02/22/364735-riz-dore-la-scandaleuse-escalade-de-greenpeace.

6. À la une du *Nouvel Observateur* du 20 septembre 2012, avec le titre « Oui, les OGM sont des poisons ! ».

7. D. Le Tien, H. Le Huy, « Comments on "Long term toxicity of a Roundup herbicide and a Roundup-tolerant genetically modified maize" », *Food and Chemical Toxicology*, vol. 53, 2013, https://www.sciencedirect.com/science/article/pii/S0278691512007995.

Paradoxes

15. Le nucléaire, c'est l'avenir !

1. *Homo biologicus*, *op. cit.*

2. Jean-Marc Jancovici, Alain Grandjean, *Le plein, s'il vous plaît ! La solution au problème de l'énergie*, Le Seuil, 2006, p. 10.

3. *Homo biologicus*, *op. cit.*

4. M. Ghiassi-nejad, S.M. Mortazavi, *et al.*, « Very high background radiation areas of Ramsar, Iran : preliminary biological studies », *Health Physics*, vol. 82, 2002, https://pubmed.ncbi.nlm.nih.gov/11769138/.

5. Dans la région de Yangjiang en Chine, les radiations annuelles reçues par la population sont cinq fois supérieures à celles recommandées par les instances internationales en matière de radioprotection. La mortalité par cancer serait de 15 % inférieure à celle des régions voisines où la dose annuelle est de 2,1 et non pas de 5,5 millisieverts (interview de Zbigniew Jaworowski par la BBC le 14 juin 2000).

6. Jean de Kervasdoué, *Les Prêcheurs de l'apocalypse*, Plon, 2007.

7. M. Neidell, S. Uchida, M. Veronesi, « Be cautious with the precautionary principle : Evidence from Fukushima Daiichi nuclear accident », IZA Institute of Labor Economics, *Discusion Paper Series*, 2019, http://ftp.iza.org/dp12687.pdf.

8. World Health Organization, « Health effects of the Chernobyl accident and special health care programmes », 1er mai 2006, https://www.who.int/ionizing_radiation/chernobyl/backgrounder/en/.

9. France Meslé, Jacques Vallin (dir.), *Mortalité et causes de décès en Ukraine au* XX*e siècle*, PUF/INED, cahier n° 152, 2003.

10. Académie nationale de médecine, « Choix énergétiques et santé », 1er juillet 2003, http://www.academie-medecine.fr/choix-energetiques-et-sante-recommandations/.

11. A. Markandya, P. Wilkinson, « Electricity generation and health », *The Lancet*, 13 septembre 2007, https://www.thelancet.com/article/S0140-6736(07)61253-7/fulltext.

12. P. A. Kharecha, J. E. Hansen, « Prevented mortality and greenhouse gas emissions from historical and projected nuclear power », *Environmental Science & Technology*, vol. 47, 2013, https://pubs.acs.org/doi/10.1021/es3051197.

13. Avis de l'Académie des sciences sur la filière nucléaire française, https://www.academie-sciences.fr/pdf/rapport/avis170112.pdf.

16. Les tribunaux de la science

1. Voir aussi André Comte-Sponville, *Le capitalisme est-il moral ?*, Albin Michel, 2004, et son texte intitulé « Les Quatre Ordres » : http://af.bibliotherapie.free.fr/Article%20les%20quatre%20ordres.htm.

2. Pour une réflexion sur le principe de précaution, voir : Union rationaliste, « Qu'est-ce que le principe de précaution ? », http://www.union-rationaliste.org/index.php/nos-dossiers/le-principe-de-pr%C3 %A9caution/307-quest-ce-que-le-principe-de-precaution.

3. Dans *Les Prêcheurs de l'apocalypse*, *op. cit.*

17. Les enjeux de la méthode expérimentale

1. Interview de Dany Lang par F. Dedieu, « Prix Nobel d'économie : "Esther Duflo fait du mainstream ouvert" », *Marianne*, 16 octobre 2019, https://www.marianne.net/economie/prix-nobel-d-economie-esther-duflo-fait-du-mainstream-ouvert.

2. Petr Skrabanek, James McCormick, *Idées folles, idées fausses en médecine*, Odile Jacob, 1992.

3. Guy-André Pelouze, « Viande rouge, régimes ancestraux et environnement... Attention aux raccourcis », *European Scientist*, 17 octobre 2019, https://www.europeanscientist.com/fr/editors-corner-fr/viande-rouge-regimes-ancestraux-et-environnement-attention-aux-raccourcis/.

4. Réseau national alimentation cancer recherche, « Le Centre international de recherche sur le cancer (CIRC) vient de publier la monographie sur "Viande rouge et viande transformée" », 14 mai 2018, https://www6.inra.fr/nacre/Actualites/Monographie-CIRC-2018-viande-rouge-charcuterie.

18. Diabolisations

1. D.T. Silverman, C.M. Samanic *et al.*, « The diesel exhaust in miners study : A nested case-control study of lung cancer and diesel exhaust », *Journal of the National Cancer Institute*, vol. 104, n° 11, 2012, https://pubmed.ncbi.nlm.nih.gov/22393209/.

2. M. Möhner, « The diesel exhaust in miners study provides no evidence for an increase in risk for lung cancer in miners exposed to diesel engine emissions », *European Journal of Epidemiology*, vol. 33, n° 12, 2018, https://www.ncbi.nlm.nih.gov/pmc/articles/PMC6290853/.

3. Communiqué de presse du 25 juin 2018.

4. France Info, « Pollution de l'air : l'Anses alerte sur les dangers de nouvelles particules et recommande de réduire le trafic routier », 16 juillet 2019, https://www.francetvinfo.fr/sante/environnement-et-sante/pollution-de-l-air-l-anses-alerte-sur-les-dangers-de-nouvelles-particules-et-recommande-de-reduire-le-trafic-routier_3538043.html.

5. Anses, « Qualité de l'air extérieur. Évaluer les risques pour la santé humaine liés à la pollution de l'air extérieur », 18 septembre 2019, https://www.anses.fr/fr/content/qualit%C3 %A9-de-l%E2 % 80 %99air-ext%C3 %A9rieur.

19. Le retour de la pensée magique

1. Marc-André Selosse, *Jamais seul. Ces microbes qui construisent les plantes, les animaux et les civilisations*, Actes Sud, 2017.

2. Philippe Marteau, Joël Doré, *Le Microbiote intestinal*, John Libbey Eurotext, 2017.

3. *Science & Pseudo-sciences*, n° 330, octobre-décembre 2019, voir

les articles de Jean-Paul Krivine, Jean-Jacques Ingremeau et Jérôme Quirant, https://www.afis.org/-330-.

4. https://www.pneumatit.ch/index.php/fr/.

5. https://www.bio-dynamie.org/produit/calendrier-des-semis-biodynamique-2020/.

6. J.-J. Ingremeau, « Cultiver avec la lune : superstition ou technique validée ? », *Science & Pseudo-sciences*, ouvr. cit.

7. P. Mäder *et al.*, « Soil fertility and biodiversity in organic farming », *Science*, vol. 296, n° 5573, 2002, https://pubmed.ncbi.nlm.nih.gov/30673873/.

8. J.-P. Krivine, « Anthroposophie, médecine, éducation : une ambition ésotérique globale ? », *Science & Pseudo-sciences*, ouvr. cit.

9. R. Steiner, I. Wegman, *Extending Practical Medicine. Fundamental Principle Based on the Science of the Spirit*, Rudolf Steiner Press, 2000.

10. J.-P. Krivine, « La médecine anthroposophique », *Science & Pseudo-sciences*, ouvr. cit.

11. M. Feuding, C. Keinki *et al.*, « Mistletoe in oncological treatment a systematic review. Part 1 : Survival and savety », *Journal of Cancer Research and Clinical Oncology*, 2019, vol. 154, https://pubmed.ncbi.nlm.nih.gov/30673873/.

12. J. Quirant, « On n'arrête pas le progrès : un adjuvant biodynamique », note 3, *Science & Pseudo-sciences*, ouvr. cit.

20. Les ruses du mensonge

1. Hannah Arendt, « Vérité et politique », in *La Crise de la culture*, Gallimard, 1988, p. 303.

2. Elle devrait se tenir à Kunming, en Chine, en mai 2021.

3. M. Kuntz, C. Lévêque, « A European Parliament resolution on biological diversity lacking ideological diversity », *European Scientist*,

6 mars 2020, https://www.europeanscientist.com/en/features/a-european-parliament-resolution-on-biological-diversity-lacking-ideological-diversity/.

4. Voir notamment Jérôme Fourquet, *L'Archipel français*, Le Seuil, 2019.

5. Emmanuel Le Roy Ladurie, *Histoire du climat depuis l'an mil*, Flammarion, 2009.

6. Dans *An Inconvenient Truth* (*Une vérité qui dérange*), documentaire de David Guggenheim, 2006.

7. Karl Popper, *La Logique de la découverte scientifique*, Payot, « Bibliothèque scientifique », 1995.

8. G. Bronner, « Marché de l'information et crédulité », *Paris Innovation Review*, 26 avril 2018. http://parisinnovationreview.com/article/marche-de-linformation-et-credulite.

Table

PARADOXES

Du même auteur

La Santé raisonnée. Un mal qui se soigne, avec Didier Bazzocchi, Plon, 2019

Qui paiera pour nous soigner ? L'asphyxie solidaire, Fayard, 2017

Ils croient que la nature est bonne. Écologie, agriculture, alimentation : pour arrêter de dire n'importe quoi et de croire n'importe qui, Robert Laffont, 2016

L'Hôpital, PUF, « Que sais-je ? », 2005, rééd. 2015

Ils ont perdu la raison. Diesel, nucléaire, pesticides, santé, OGM, énergie, science : pourquoi les gouvernants prennent les mauvaises décisions, Robert Laffont, 2014

Pour en finir avec les histoires d'eau. L'imposture hydrologique, avec Henri Voron, Plon, 2012

La peur est au-dessus de nos moyens. Pour en finir avec le principe de précaution, Plon, 2011

Très cher santé, Perrin, 2009

Les Prêcheurs de l'apocalypse, Hachette, « Pluriel », 2008

L'Hôpital vu du lit, Seuil, 2004

La Santé mentale des Français, avec Raymond Lepoutre, Odile Jacob, 2002

La Qualité des soins en France, Éditions de l'Atelier, 2000

Santé. Pour une révolution sans réforme, Gallimard, « Le Débat », 1999

La Santé intouchable. Enquête sur une crise et ses remèdes, Lattès, 1996

Composition IGS-CP
Impression CPI Bussière en juin 2021
Éditions Albin Michel
22, rue Huyghens, 75014 Paris
www.albin-michel.fr
ISBN : 978-2-226-44793-7
N° d'édition : 23841/08 – N° d'impression : 2058923
Dépôt légal : janvier 2021
Imprimé en France